校家沟通 100问

贵阳幼儿师范高等专科学校　组编

北京师范大学出版集团
BEIJING NORMAL UNIVERSITY PUBLISHING GROUP
北京师范大学出版社

图书在版编目(CIP)数据

校家沟通 100 问 / 贵阳幼儿师范高等专科学校组编.
北京：北京师范大学出版社，2024.8(2025.4 重印).-- ISBN
978-7-303-29967-6

Ⅰ. G459-44

中国国家版本馆 CIP 数据核字第 20249FA623 号

XIAO-JIA GOUTONG 100 WEN
出版发行：北京师范大学出版社 https://www.bnupg.com
　　　　　北京市西城区新街口外大街 12-3 号
　　　　　邮政编码：100088
印　　刷：唐山玺诚印务有限公司
经　　销：全国新华书店
开　　本：710 mm×1000 mm　1/16
印　　张：6.25
字　　数：73 千字
版　　次：2024 年 8 月第 1 版
印　　次：2025 年 4 月第 2 次印刷
定　　价：32.00 元

策划编辑：张丽娟　郭凌云　　　　责任编辑：张丽娟
美术编辑：焦　丽　李向昕　　　　装帧设计：焦　丽　李向昕　李　莎
责任校对：丁念慈　　　　　　　　责任印制：赵　龙

编 委 会

（按姓氏音序排列）

主　编：田　芳
副主编：时　瑶

幼儿园篇编写人员

组　长：肖　兰
副组长：时　瑶
编　委：杜红梅　李斌悦　林俊延　卢　敏　殷琴蓉
　　　　游　佳　张　佳　张　旋　赵　容

小学篇编写人员

组　长：林　岚
副组长：李　越
编　委：曹俊华　曹　薇　丁　红　黄祥凤　刘玉娇
　　　　王　佩　王思文　喻　梅

序 言

校家社协同共育，共绘育人同心圆

家庭是社会的细胞。有家有孩子的地方，就有家庭教育。

家庭教育是一切教育的基础。在家庭教育中，既要遵循孩子的成长特点和规律，也要讲求科学的教育方法。面对孩子在成长过程中的诸多问题，家长会产生许多疑惑：为什么从小听话、乖巧、温顺的孩子在小学高年级突然就变得不愿意与爸爸妈妈说话了，成天抱着手机不放？为什么孩子进入初中，突然变得逆反，动不动就生气，不仅躲进房间不理人，甚至经常顶撞父母，产生激烈冲突？为什么孩子进入高中后，出现不愿意去学校的情况？为什么家长谨小慎微、处处小心，孩子还是不愿意和自己多交流，很难恢复与孩子良好相处的状态？……面对以上纷至沓来的状况，家长猝不及防，焦虑烦躁，无计可施，甚至无奈放弃。那么，作为孩子成长路上的教育引导主体，家长、学校和社会应该如何携起手来共同应对、科学引导，帮助孩子顺利度过成长过程中最重要的几个阶段呢？

"健全学校家庭社会育人机制"是习近平总书记在党的二十大报告中对教育提出的要求。为深入贯彻落实教育部等十三部门联合印发的《关于健全学校家庭社会协同育人机制的意见》，宣传普及家庭教育知识，推进学校、家庭、社会协同育人机制建立，在贵州省教育厅的指导与大力支持下，我们邀请到优秀的一线教师、家庭教育专家等共同撰写了《校家沟通100问》这本手册。手册围绕习惯养成、亲子沟通、学业发展、心理健康、情绪管理等问题，以一问一答的形式给家长们支着，为广大家长提供科学的家庭教育指导服务，帮助家长在陪伴孩子成长的路上少一点焦虑、多一分从容。

教育不仅仅是国家大计，也是民生所系、民心所望。构建良好的教育生态，需要构建以校为点、辐射家长、全社会参与的教育"环岛"，让学校、家庭、社会三大系统要素相互联系、相互作用、相互适应，激活教育"新磁场"，共绘育人同心圆。这样才能营造孩子成长成才的健康环境，更好落实立德树人根本任务，培育出德智体美劳全面发展的社会主义建设者和接班人。

让我们携手共筑校家社协同育人体系，同心同向，在孩子的成长旅程上并肩前行。

《校家沟通100问》编委会

2024年3月

目　录

幼儿园篇

小学篇

初中篇

高中篇

幼儿园篇

1. 孩子即将上幼儿园，担心孩子哭闹严重，该怎么办？

3 岁左右是孩子出现分离焦虑的高峰期。不同的孩子，分离焦虑的程度和表现也各不相同。有的哭闹、发脾气，有的不说话、不玩耍等。家长可以尝试下面这些方法，提前为孩子做好入园准备。

第一，经常带孩子到公园、游乐场等能和同龄人接触的地方，增加孩子的人际交往机会，减轻孩子对家长的依恋。

第二，与孩子共读《魔法亲亲》《一口袋的吻》《宝贝爱上幼儿园》等与入园相关的图画书，帮助孩子提前了解幼儿园的生活。

第三，利用幼儿园亲子活动或家长会等机会带孩子提前参观幼儿园，看看玩具、游戏设施、睡房(午睡室)、教室等，帮助孩子提前熟悉幼儿园的环境。

2. 孩子上幼儿园两周了，每天都哭得撕心裂肺，不愿去，该怎么办？

小班孩子在初入园时期出现哭闹现象，是他在适应新环境和新生活的过程中所表现出的情感波动。随着时间推移，孩子对环境逐渐适应后会逐步缓解，无须过分担心。如果孩子入园两三周后还有强烈的害怕和抵触情绪，家长应及时与老师沟通，找出原因。

第一，孩子对幼儿园出现抵触情绪，可能是在幼儿园遇到了困难。家长可以通过了解孩子在园的表现(比如：是否容易犯错，是否有相对固定的玩伴等)，和老师一起找出孩子不愿上幼儿园的原因。

第二，给予孩子正向积极引导。家长可以告诉孩子："宝宝已经长大了，在幼儿园可以交到很多新的朋友、玩很多新的玩具，老师也会教你新的游戏。"增强孩子去幼儿园的意愿。

第三，尽量不在孩子面前显露自己的焦虑。除了孩子本身面临分离焦虑，家长可能比孩子还要紧张，担心孩子不能适应幼儿园生活。当孩子感受到家长的焦虑时，他会通过哭闹得更厉害来达到自己不去幼儿园的目的。

3. 孩子要上幼儿园了，但还不会自己穿脱衣服，怎么办？

对于即将进入幼儿园的孩子来说，学会穿脱衣服是开始独立的明显标志和开端。当然，这不是一蹴而就的事情。为了帮助孩子学会自己穿脱衣服，家长可以尝试下面这些方法。

第一，为孩子选择便于穿脱的衣物，让孩子在学习穿脱衣物时更容易获得成功的喜悦，待孩子熟练后再选择更为复杂的衣物进行尝试。

第二，可以使用形象生动、拟人化的语言或有趣的儿歌，按照穿脱顺序引导孩子认识衣服，让孩子觉得穿脱衣服很好玩。比如：大圆圈圈是领口，短短的隧道是袖口，大大的嘴巴是裤腰，长长的隧道是裤腿等。

4. 孩子每天上学都要抱着自己的玩偶，不让带或找不到就情绪崩溃，怎么办？

3～6岁孩子对毛巾、毛毯、毛绒玩具等特定物品产生依恋的行为，称为恋物行为。有恋物行为的孩子如果能够正常吃饭、上幼儿园，正常与人交流、玩耍，家长可以不用在意。随着对环境的熟悉，孩子的恋物行为会慢慢消失。但是，如果家长不重视，恋物行为的长期发展就可能会对孩子产生不良的影响。要想减轻孩子对物品的依恋，家长可以尝试以下方法。

第一，正确看待孩子的恋物行为。研究表明，儿童恋物主要是因为缺乏安全感。当孩子在环境中有足够的安全感或是获得足够的情感满足时，他就会慢慢减轻对物品的依恋。

第二，家长在日常生活中要关注孩子，多花时间陪伴孩子。面对有恋物行为的孩子，家长应多和孩子进行温柔的身体接触，表达自己的爱，让孩子知道他在家长心中的重要性。比如：亲吻和拥抱孩子、轻抚孩子，当孩子需要帮助时及时回应孩子、提供帮助。

5. 4 岁孩子一不顺心就乱发脾气，大声尖叫、满地打滚，怎么办？

3～6岁孩子的自我控制能力尚未成熟，容易发脾气。在情绪失控前，孩子一般会表现出一些信号，如双拳紧握、眉头紧皱，或双眼通红，一副快要哭出来的样子等。一旦出现这些信号，家长可以用以下方法协助孩子增强情绪控制力。

第一，教给孩子冷静下来的方法。比如：数"1，2，3，4，5……"，通过数数转移注意力，让自己平静下来；对自己说"停"，以控制冲动的行为。

第二，以身作则。家长是孩子最好的老师，在日常生活中也应该注意控制自己的情绪和行为，给孩子良好的示范。

第三，不要成为孩子爱发脾气的"帮凶"。家长一定不能因为孩子发脾气就满足其不合理的要求，这样的错误联结一旦建立，发脾气就会成为孩子满足需求的一种方法。

📚 6. 孩子心理敏感，遇到挫折容易退缩，怎么办？

人生难免会遇上逆境，培养孩子良好的抗挫折能力，家长可以尝试下面这些方法。

第一，无条件积极关注。努力本身就是值得表扬的事情，只要孩子真的努力了，那么不管是成功了还是没有成功，家长都应该成为孩子永远的"啦啦队"，不要因为孩子失败了就减少对孩子的关注。同时，家长在日常生活中应以身作则，为孩子树立积极进取的榜样。

第二，因势利导，培养孩子的才能。发掘孩子的兴趣和长处，如踢球、讲故事等。从孩子现有的能力水平出发，制定一个合理的、可达成的目标去发展孩子的潜能。例如：帮助孩子培养绘画兴趣，应先欣赏他对涂鸦所展现出的热忱，而非期望他能细致绘画，这样孩子才会更愿意继续发展他的优势潜能。

第三，增强家园沟通。家长应多与幼儿园老师沟通孩子在家和在园表现，积极参与幼儿园为家长举办的活动，如座谈会、家园活动等。这样既能使家长更深入地了解孩子，又能增强孩子对幼儿园的归属感和对老师的信任感，当孩子遇到困难时便会主动寻求老师的帮助。

📚 7. 孩子胆子小，容易紧张，怎么改善？

个性沉静内敛的孩子在面对陌生的人或环境时，需要较长的时间去适应。家长不应催促或勉强孩子，应体谅和接纳孩子的特性，循序渐进地耐心引导他。可以尝试以下步骤。

第一，家长陪伴孩子在旁边观察其他小朋友游戏。

第二，家长亲身示范，参与到其他小朋友的游戏中。

第三，家长看到孩子的抗拒逐渐减弱时，邀请孩子一起加入。

如果孩子仍然拒绝参与，家长也不要责骂或取笑他，应接纳孩子的感受，可以对孩子说："好的，你是想多看一会儿吗？等你想玩的时候，可以过来告诉我。"若孩子愿意参与，待他投入游戏后，家长再逐步退出，但仍要在一旁支持。

8. 孩子的胜负欲很重，惧怕挑战，该怎么引导？

"想赢不想输"是很正常的心理现象，"赢"能获得称赞，给人正面的情绪反馈，而"输"往往会让人有挫败感。家长想鼓励孩子参与挑战，可以尝试以下方法。

第一，在日常生活中多引导孩子关注参与挑战的过程，弱化输赢的结果导向。

第二，利用亲子互动给孩子设置一些难度适宜的挑战，让孩子通过努力获得成功体验，逐步建立自信。

第三，当孩子输掉挑战时，告诉孩子："敢于挑战就是好样的，赢了当然值得自豪，即使输了，也赢得了一次尝试、锻炼的机会，同样值得高兴。"

9. 如何对幼儿园阶段的孩子进行性教育，预防性侵害？

近年来，儿童性教育和自我保护成为教育热点话题之一。性教育从来不是一件尴尬的事情，不论是幼儿期还是青春期，我们都应该用科学、理性的态度和孩子一起面对这件事，孩子就会健康地接纳。家长可以尝试以下方法。

第一，帮助孩子建立性别意识。孩子是在日常生活的观察中获得最初的性别概念的，家长可以有意识地利用穿衣服、洗澡、阅读、日常交谈、同伴互动等时机进行性别教育。比如，共读《我们的身体》等科普书籍，帮助孩子了解男孩和女孩的生理差异。

第二，明确告诉孩子哪些是隐私部位。家长要帮助孩子认识并保护自己的身体隐私，告诉孩子小背心、短裤覆盖的地方就是隐私部位，不能让别人看，更不能让别人触摸。

第三，教会孩子识别危险信号。告诉孩子："如果有人要看、谈论或触碰你的隐私部位，让你看、触碰他的隐私部位，单独与陌生人在一起时他想拥抱、亲吻你，这些都是危险信号。当有人做出这些行为时，你就要大声呼救或想办法跑开，并及时告诉爸爸妈妈或老师。"

10. 孩子总是"丢三落四"，怎么办？

"丢三落四"的孩子有这样一些特征：独立性差、依赖性强、粗心大意等。家长过度包办代替、过度保护或限制过多，都会让孩子养成"丢三落四"的习惯。遇到这类问题，家长可尝试以下方法。

第一，创设情境，让孩子学会自主检查。比如：外出前收拾物品时，家长可以当着孩子的面检查自己的物品是否带齐，然后让孩子检查自己的物品，在生活场景中培养孩子自主检查的习惯。

第二，适时放手，让孩子学会自我管理。对于拥有一定行为能力的孩子，家长应当及早逐步减少包办代替，给孩子成长的机会，让孩子学会自我管理。

第三，以身作则，让孩子学会物放有序。首先是创建有序的家庭生活环境并和孩子共同维护，其次可以从收纳玩具开始教会孩子分类、整理、收纳的具体方法。

11. 孩子上中班了，但还是会尿裤子，是什么原因？

3～6岁孩子有时尿裤子，大多不是病理性原因。可能是孩子玩得过于投入，忘记要上厕所；也可能是孩子内心紧张，想上厕所却不敢跟大人说；还有可能是孩子的自控能力不足，没有掌握如厕的技巧。家长可尝试以下方法。

第一，放松心态。家长应了解3～6岁的孩子对膀胱的控制力尚有不足，且存在个体差异，因此，当孩子出现尿裤子或尿床的行为时，没有必要责备孩子。家长的责备会加深孩子的紧张情绪，适得其反。家长可以讲述自己小时候尿裤子的趣事，缓解孩子的紧张与自责。

第二，引导孩子正确表达如厕的需求。有的孩子在想上厕所时害怕和老师说，最后憋不住尿在了裤子里。这种情况一般在孩子刚进幼儿园时发生得比较多。家长应告诉孩子：如果想上厕所，第一时间告诉老师，老师肯定会允许的，不用害怕。

第三，为孩子选择穿脱方便的下装。家长应为孩子选择宽松、便于穿脱的下装，裤子的松紧带不要太紧。避免穿背带裤、紧身裤等不方便穿脱的裤子，尽量不要选择带拉链或需要扣扣子的裤子。

12. 孩子在家就是不午睡，该怎么办？

孩子在家不爱午睡，家长可尝试以下方法，帮助孩子养成午睡的习惯。

第一，在孩子入睡前的一两个小时就把室内的光线调暗，给孩子提供相对昏暗、安静和温度适宜的睡眠环境。另外，可以检查孩子午睡时穿的衣物是否舒适，尽量为孩子选择棉柔、亲肤材质的衣物。

第二，用固定的方式去哄睡。比如，到午睡时间就播放小夜曲或摇篮曲类的轻柔音乐进行哄睡，每次哄睡都用相同的方式进行。同时，还应该让孩子习惯在某个相对固定的时间午睡。

第三，坚持按时送孩子到幼儿园，养成规律作息习惯。休息日也坚持让孩子午睡，不要打乱孩子的作息规律。如果家长有时间的话，也可以陪着孩子一起午睡。

13. 孩子最近出现说脏话的现象，家长应该怎么引导？

3～6 岁孩子说脏话一般是无意识的模仿行为，他们可能只是觉得好玩就说出来了，并不知道脏话真正的意思。有时也源于孩子想要得到他人关注的心理，别人越关注他，他越兴奋。家长可以尝试用以下方法引导孩子。

第一，家长要以身作则。在与他人交谈时，一定要用文明的语言、礼貌的沟通方式，营造彬彬有礼的交流氛围，给孩子树立榜样。

第二，当孩子说脏话时，家长要温柔而坚定地告诉孩子，脏话是一种侮辱性的语言，是不文明的，不能再说了。

第三，家庭生活中，家长还可以用积极关注的方法强化孩子文明的语言表达，可以告诉孩子："我突然发现，咱们家里有一位文明小王子/小公主呢！""宝宝讲话很文明，是我们家的文明大使！"

14. 孩子对手机、平板电脑等电子设备非常着迷，想杜绝又感觉不科学，如何引导孩子合理使用电子设备？

电子设备已经成为人们生活中的必需品，孩子可以轻易接触到手机、平板电脑等电子产品。但过早接触电子产品对孩子有较大的负面影响，不仅可能妨碍孩子的运动能力和社会性的发展，而且会影响其视力发育、神经系统发育等。为帮助孩子科学使用电子产品，家长可尝试照下面这样做。

第一，为孩子选择人物形象美观、故事内容健康向上的动画片，尽量与孩子一起观看，对动画片内容进行恰当的解释和引导，增进亲子关系。

第二，与孩子共同商议使用电子设备的频次和时长，制订合理的观看计划。《幼儿园入学准备教育指导要点》建议 3～6 岁孩子"连续使用电脑、手机等电子产品的时间不超过 15 分钟"。家长可与孩子共同拟订家庭日程计划，比如，每天只看 1～2 集动画片，或看电子屏幕时间不超过 15 分钟。总之，合理安排孩子使用电子设备的时间，以及游戏、运动、休息等活动时间，保证时间的合理性和生活的丰富性。

第三，结合孩子兴趣，增加有效的亲子互动。比如，通过亲子共读、户外活动等方式转移孩子对电子产品的注意力，增强孩子对日常生活及探究大自然的兴趣。

15. 孩子做事注意力不集中，有什么办法改善？

不同年龄段的孩子，注意力集中的时长是不一样的。小班幼儿能专注 5～10 分钟，中班幼儿能专注 10～15 分钟，大班幼儿能专注

15~20分钟，具体情况因人而异。家长应该根据孩子的年龄和发展特征，来确定孩子能够集中注意力的时间。培养孩子的专注力，家长可以尝试以下方法。

第一，将孩子感兴趣的事物与要学习的内容进行有效连接。比如：孩子喜欢汽车，家长可提供汽车图画书，帮孩子认识汽车的颜色、功能，或者与孩子一起制作、绘画汽车等。

第二，当孩子专注地做自己的事情如阅读绘本、做游戏时，家长不要频繁去打扰孩子。

第三，尝试为孩子创设专属的游戏角或学习区，营造安静、整洁、有序的环境。

第四，多与孩子做提高专注力的亲子游戏，如找不同、拼图、下飞行棋等。

16. 孩子快4岁了，最近发现他经常对大人"撒谎"，该如何引导？

三四岁的孩子还不能明白说谎的坏处，甚至不知道自己在说谎。这个年纪的孩子还没有能力故意掩饰事实，所以家长无须过分担心。随着年龄的增长，孩子的思考变得较为复杂，会担忧别人的想法。孩子说谎大多是因为觉得自己做错了，害怕被家长责骂而想掩饰。面对孩子的撒谎行为，家长可以采取以下措施。

第一，要了解孩子说谎背后的原因，而不是马上责怪他的行为或给他贴上"爱撒谎"的标签。责骂孩子只会令他不敢再向家长坦白。

第二，教会孩子遇到问题或犯了错时能承认自己的错误，并有担当地处理问题。例如：孩子在幼儿园弄丢了玩具，害怕被家长责骂，说玩具是被小朋友抢了。家长应该耐心倾听，了解前因后果后，告诉孩子："嗯，原来你是弄丢了玩具，但又害怕受责骂。我知道你不是故意的，但是如果你不说真话，我会很失望的。"

第三，及时鼓励。当孩子勇于承认自己的错误时，记得称赞他，这会鼓励他以后继续说实话。还可以与他一起阅读儿童故事，如《狼来了》《华盛顿砍樱桃树》等。家长要以身作则，为孩子树立诚实的好榜样，引导孩子慢慢了解说实话的重要性。

17. 为什么孩子不愿意和同伴交流，也不愿意主动融入同伴游戏中？

3~6岁孩子缺乏主动社交和辨别能力，家长应给孩子创造机会和氛围，培养孩子的人际交往能力，可以尝试下面这些方法。

第一，给孩子提供一个安全舒适的环境，在家中鼓励孩子自由表达自己的想法。比如：共同讨论孩子喜欢的动画片，多和孩子交流户外活动所见所闻，生活中遇事先听听孩子的意见等。

第二，为孩子安排参加社交活动的机会，如朋友聚会、游戏比赛、户外野营、艺术活动等，增加孩子与他人接触、交流的机会，加强孩子的合作意识和团队协作能力，提高其自信心。

第三，培养孩子的爱心与同理心。引导孩子关注他人、尊重他人，有助于增强孩子与同伴的情感联系，从而使其更容易与人沟通。

18. 孩子不愿意与人分享，该怎么引导？

教会孩子懂得分享，并不是让孩子无条件地把自己的东西让给别人。家长可以尝试以下方法。

第一，体验分享行为。例如，家长扮演小猫，孩子扮演小兔，小猫和小兔都想玩球，但小兔把球拿走了，小猫很难过。这时家长可以让孩子体会小猫的心情，引导孩子想出"小兔和小猫一起玩球"的解决办法。

第二，感受分享的快乐。创设情境，让孩子感受到分享带来的快乐，引导孩子学着分享自己的快乐与烦恼。当孩子主动分享时，及时表扬孩子的分享行为。

第三，不强制分享。有的孩子可能害怕别人把自己的玩具弄坏，或者担心别人拿了自己的玩具不还回来，而拒绝分享。家长可以尝试跟孩子共同设立分享的规则，比如：哪些东西是可以分享的；哪些东西只与熟悉的同伴分享；哪些东西是共用的，需要和他人轮流使用等。同时，家长也可以和孩子共同探讨如何正确拒绝不适宜的分享要求，进一步提升孩子的人际交往能力。

19. 孩子马上 5 岁了，但在和同伴相处时易出现打人、咬人等攻击性行为，该如何进行引导？

在幼儿阶段，有些孩子会出现打人、咬人、强行抢走或破坏他人物品等攻击性行为。这类行为不但会对他人或集体造成伤害，而且会影响孩子自身的身心发展、社会交往。为了帮助孩子减少攻击性行为，家长可以尝试以下方法。

第一，当发现孩子有攻击性行为时，一定要及时制止。

第二，主动关注、回应孩子的需求和感受。家长可以尝试着认可孩子的情绪，帮他找出原因。比如说："妈妈知道哥哥抢了你的玩具，你不开心。""你想跟姐姐玩，可是姐姐不理你，你很着急。"孩子的情绪被理解了，就更容易平静下来。

第三，教给孩子与同伴相处的正确方法。告知孩子打人的后果，如对方会疼、会害怕、会难过等，引导他向被攻击的孩子道歉。

第四，给孩子示范正确的人际交往方法。如果喜欢对方，可以用语言表达"我很喜欢和你玩"；不高兴或不愿意时，可以说"不"；想玩对方的玩具，要先询问"我可以玩一下你的玩具吗"；玩具被抢，可以大声说"不行，还给我"等。当孩子处理不了时，还可以寻求家长帮助。

第五，当孩子的行为有所改善时，要及时给予鼓励。比如："宝贝刚刚会用语言表达自己的情绪了，进步很大，爸爸为你点赞。"

20. 孩子快上大班了，吃饭还是很拖拉，不管家长怎么说、怎么做，都没有效果，怎么办？

很多家长会因为孩子进食速度慢而强喂、催促，甚至训斥孩子，其实大可不必。家长应充分理解，对于一个健康的人来说，肚子饿了就想要吃东西是一种最基础的生理本能反应。面对孩子吃饭拖拉的现象，家长可尝试以下方法。

第一，与孩子沟通，找到孩子吃饭拖拉的原因。比如：是因为不饿？是因为饭菜不合口味？还是因为周围环境的干扰物太多，影响孩子的进食专注度？

第二，尊重孩子的进食感受。若是孩子不饿，家长应对孩子表示理解，但要告诉孩子，错过了这个饭点，就要等到下一个饭点才能吃饭，其间肚子饿了也没有零食补充，让孩子自己选择是不吃还是少吃。若是饭菜不合孩子口味，家长可以考虑替代的进食方案，如果没有替代方案，也可以对孩子说明："目前没有其他选择，你的想法我们知道了，下次做饭时可以改进饭菜口味，但现在不吃就只能饿肚子了。"让孩子自己决定，并对自己的决定负责。

第三，为孩子准备适宜的进食环境，包括：固定进食地点，如必须是餐桌；减少干扰，如移开电子产品、玩具等，让孩子将注意力集中在食物上。

第四，让孩子参与做饭的过程，激发孩子对饭菜的兴趣，或用做游戏、讲故事的方法激发孩子自己吃饭的积极性。

21. 孩子马上要上小学了，要让孩子提前学习拼音、算术等小学知识吗？

"幼小衔接"衔接的是学习能力，而不是具体的知识。家长要明确，提前开始小学化教学不符合学龄前儿童的认知发展特点。当孩子接触到自己不易理解、超越自己的年龄段的内容时，可能会因为学不会而认为自己很笨，进而丧失对学习的兴趣和信心。如果家长对此很焦虑，可以尝试以下的做法。

第一，了解孩子的年龄特点，转变对学习的认知观念。大班孩子仍处于具体形象思维阶段，主要是通过亲身体验、直接感知来理解新知识和获得新经验。比起知识积累，学习能力和学习品质的培养更为重要。

第二，有意识地开展亲子共读活动，如读绘本、讲故事等。亲子共读可分三步走：初始阶段主要是家长讲读故事给孩子听，培养孩子对阅读的兴趣；待孩子形成阅读习惯后，便可鼓励其讲读故事给家长听；最后，鼓励孩子自主阅读。在听、讲、读故事的过程中，孩子能收获知识、提升表达能力。更重要的是，通过阅读能激发孩子的想象，提升其思维能力。

第三，可以培养孩子的数感。家长可以和孩子一起寻找生活中的数学，让孩子记录自己的身高、体重，识别不同的平面图形和立体图形等，感受数学的有用和有趣。

22. 孩子即将从幼儿园升入小学，家长应该怎么做才能让孩子顺利适应小学生活？

从幼儿园升入小学是孩子成长与发展的重要转折点。面对幼儿园和小学的巨大差异，家长如何帮助孩子平稳地度过这个转折点，完成身份的转变呢？可以尝试以下方法。

第一，激发孩子的学习意愿。入学前，家长可以用轻松的语气和孩子谈论小学与幼儿园的不同，并说一些欣赏和鼓励的话，比如："你已经会自己收拾书包了，真是长大了。""你写自己的名字很有进步，已经和一年级的哥哥姐姐一样好了。"让孩子认可自己有能力上好小学，觉得上小学是一件很自豪的事。

第二，培养孩子的任务意识。幼儿阶段，孩子需要养成一定的任务意识，比如，能听懂任务要求，有始有终地完成一项任务。生活中，家长可以为孩子设计一些力所能及的任务。在孩子执行任务前，家长要对任务的内容及要求进行充分讲解。当孩子在完成任务过程中出现退缩行为时，家长要及时鼓励并给予适当的指导与帮助，帮助孩子坚持完成自己所承担的任务。

第三，培养孩子良好的学习品质和行为习惯。学习品质和行为习惯等非智力因素对学习成绩起着至关重要的作用，家长可以通过游戏和活动的形式，在具体实践中培养孩子的专注力、记忆力、独立性、坚持性等良好的学习品质和行为习惯。

23. 在教育孩子的过程中，家庭成员之间因为意见相左而发生争吵，应该怎么做？

3～6岁孩子的独立性人格还未发展完善，家长之间不一致的教养态度所引发的矛盾会让孩子缺乏安全感，导致孩子不知道行事的标准，从而变得多疑、犹豫，对良好性格的养成不利。当遇到这种情况时，家长可以采用以下策略，以便更好地达成共识。

第一，不相互批评与指责。当家长之间针对某一个问题有不同意见时，应避开孩子进行深入的讨论，保持良性沟通，平和地表达观点。当孩子感受到家长是一个团队时，会觉得家庭是安全的港湾。

第二，相互配合。如果孩子犯了错误，家长中的一方严厉批评孩子时，另一方可以用温柔的方式来化解。如果是家长犯了错误，家长要主动、积极地认错，不能因为"丢面子"不愿意说出口，要给孩子树立一个积极的榜样。日常生活中，家长可以针对孩子出现的问题选择相关图画书进行亲子阅读，通过孩子喜欢的方式向他传递相应的行为规范和道理，这也有助于建立平等、和谐的亲子关系。

24. 隔代教养中，两代人的教养观念发生分歧，该怎么办？

隔代教养是现代家庭的常见现象，两代人难免会因为观念不一致而产生分歧。

第一，孩子的父母和祖辈都要明白，父母是承担家庭教育的第一责任人。

第二，父母可以明确表达自己和孩子的需求，让祖辈充分了解各自的职责，在育儿的目标上达成一致，确保教育的一致性。

第三，父母对祖辈平时要多关心，相互认可；当产生分歧时，多沟通、多理解，给予祖辈足够的尊重。

25. 大宝对二宝产生抵触情绪，该怎么办？

家长要知道，迎接新生命的到来不是家长个人的事，而是整个家庭的事。新生命到来之前，在心理上要给大宝一个过渡空间，让大宝了解家长的想法。假若这个工作没有做或者做得不够，容易导致大宝对二宝产生抵触、焦虑或者愤怒的情绪，最终影响大宝和二宝的关系。如果这种情况已经发生，家长可以尝试以下方法。

第一，消除大宝的疑虑。当大宝出现排斥和不能接受二宝的情况时，家长不要表现出责备或不耐烦的态度，这会让大宝觉得自己的担忧成为事实，从而更加不安。家长应多和大宝说说有一个弟弟或妹妹的优势，比如："以后有一个弟弟或妹妹陪你玩，你就不会觉得无聊啦！""我们不会因为有了二宝就不爱你了！"以此慢慢得到大宝的理解，从而消除他的疑虑。

第二，让大宝觉得当哥哥或姐姐是一种荣耀。用亲昵的态度让大宝参与二宝的事情，比如，猜猜自己会有一个妹妹还是弟弟，给二宝起个名字，准备二宝的衣服、鞋子等，潜移默化地建立起大宝的亲情观念。

第三，尽量公平公正地对待两个孩子。在日常生活中，家长要注意调配对两个孩子的关注度，不能把爱和精力全放在二宝身上，比如，买东西的时候对大宝、二宝都要考虑。确保每天与每个孩子都有一段单独相处的时光，让孩子能在这段时光里与家长充分地进行情感上的交流和联结。

小学篇

1. 孩子刚上一年级，不愿进学校，怎样帮助他适应新环境？

一年级的孩子面对新环境、新老师、新同学，可能会出现担心、焦虑等情绪，有的还会出现不愿意进校门、害怕进班级等行为。我们可以试一试以下的方法。

第一，帮助孩子调整入学心态，多跟孩子交流上学的好处。比如：会认识更多的伙伴，会掌握更多的知识，会变得更聪明、更优秀等。不要跟孩子说"在学校不好好学习就会被同学瞧不起""在学校犯错老师会教训你"等。

第二，教给孩子一些融入新团体的小技巧。比如：主动帮助别人，或者通过主动分享等方式结交新朋友。

第三，帮助孩子养成良好的作息习惯。比如：在早起时拉开窗帘、带孩子洗漱，给孩子营造出"起床时间到了"的氛围；在培养孩子养成规律习惯时，给予一定的鼓励和肯定等。

第四，培养孩子良好的行为习惯。孩子刚入学时，陪伴孩子共同面对学习，教孩子一些学习方法，并提出一些帮助孩子养成行为习惯的要求，比如：放学后及时回家、上学前整理书包等。孩子养成习惯后，再试着逐步放手。

2. 孩子不讲卫生，不喜欢刷牙，不主动洗手，该怎么办？

儿童期的孩子充满好奇心、探索欲强，对周围的环境、新奇的事物总想去碰一碰、摸一摸。因为他们年龄小，还没有完全认识到卫生习惯的重要性，常常玩耍后不洗手，容易影响健康。家长可从以下几个方面来进行引导。

第一，了解卫生常识。比如：通过阅读图画书让孩子了解卫生常识，学会正确的洗手方法；观看关于讲卫生的动画片、视频等，使孩子了解到不刷牙、饭前便后不洗手带来的不良后果。

第二，重视家庭卫生。比如：定期开展家庭卫生大扫除，家庭成员人人参与，一起整理房间、清理玩具和物品，共同维护干净整洁的家庭环境，这有利于孩子养成良好的卫生习惯。

第三，制定一些家规。比如：整理自己的物品并保持干净，培养孩子对自己的行为负责。当孩子按照规定洗手、讲卫生时，可以夸奖或发放小奖品，以示鼓励。

3. 孩子很想参加集体活动，但又不知如何融入其中，家长该如何引导？

很多时候，孩子无法融入集体活动中有可能不是因为胆小，而是因为不知道应该如何去做。我们可从以下几个方面来进行引导。

第一，创造更多参加集体活动的机会。家长或者亲戚朋友之间可以相互邀约，让孩子在集体活动中学会相处。或者鼓励孩子在过生日时，邀请三五同学来家里聚会，这样既增进了同学之间的友谊，又锻炼了孩子的社会交往能力。

第二，培养孩子的社会交往能力。教孩子学会谦让、分享、乐于助人，教孩子理解别人的处境、关心他人的感受、了解他人的需求。家长可以多与孩子一起观察、讨论他人的情感和需求，培养他的同理心，问问他："别的小朋友抢走你的玩具，你会愿意吗？""如果你摔倒了，你是不是也很想你的朋友过来扶起你？"

第三，引导孩子在集体活动中发挥特长。家长可鼓励孩子参加感兴趣的团体活动，如绘画、音乐、运动等。在孩子表现自己、表达自己的时候，家长可以告诉他："你可以做得很好，爸爸妈妈会支持你。"

4. 孩子做事总是拖沓、磨蹭，怎么办？

孩子做事拖沓、磨蹭，可能是因为缺乏动力和时间管理能力，或是因为注意力难以集中及对所做的事情不能理解等。以下做法可以帮助孩子改善这种行为。

第一，与孩子交流，了解原因。可以先了解孩子是不会还是不情愿。如果是不会，家长可以提供帮助；如果是不情愿，家长可以与孩子沟通，了解孩子的看法及感受，并及时回应、反馈、引导。

第二，建立激励机制。如果孩子对要做的事有畏难情绪，家长要鼓励孩子一点点去尝试，让孩子体验成功感，先迈小步，再跨大步；如果孩子缺乏动力，家长可以给予鼓励和适当奖励。

第三，培养孩子的专注力。孩子在做事时不打断、不打扰，完成后给予肯定，并表扬其专注做事的态度。

5. 孩子一离开家长就什么都不会做了，应该如何培养孩子的独立自主能力？

目前孩子普遍存在依赖性强、生活自理能力差等问题，我们可以这样来培养孩子的独立自主能力。

第一，示范引导孩子如何做事，从共同完成任务过渡到让其独自完成。比如：地扫不干净，多扫几次就熟练了；洗碗慢，多洗几次效率就高了；不会洗衣服，跟父母多学几次就会了。

第二，赞扬孩子独立完成的行为，无论完成情况好坏都要鼓励，不要批评。如果完成得不好，可以说"没关系，下次一定会做得更好"。

第三，多让孩子参与家庭事务的决策，培养其处理事务的能力。多问孩子怎么看、怎么做，无论孩子的想法是否有用，都要认可和肯定孩子的思考，因为解决问题的办法不止一个。

6. 当孩子不停地要求玩手机等电子产品时，家长应该怎么办？

有的孩子喜欢电子产品，一玩起来就停不住，甚至影响正常的生活和学习。家长可以试试这样做。

第一，以身作则。身教重于言教，家长是孩子的榜样，也要减少对手机的依赖，和孩子一起看书、聊天、做家务、做游戏。孩子有亲情的陪伴，对手机的依赖就会减少。

第二，约定时间。家长和孩子一起约定使用电子产品的时间，比如，做完作业后可以有一段休闲和娱乐时间，让孩子初步建立起时间管理的概念。

第三，培养爱好。家长需要关注并培养孩子多样化的兴趣爱好，如踢球、跑步、阅读、做美食、种植花草等，让孩子在这些活动中强健体魄、发现生活的美好，以减轻孩子对电子产品的过度依赖。

7. 如何让孩子懂得谦让与分享？

以自我为中心、不懂得与他人分享的孩子，很难与周围的人建立良好关系，对孩子的未来成长也会产生影响。家长可以用以下方法引导孩子。

第一，给孩子树立学习的榜样，培养孩子助人、分享、合作。家长应该以身作则，通过自己的一言一行去感染孩子。让孩子看相关视频、读本，并在看的过程中或看完后和孩子进行讨论，加深孩子的理解和认识。

第二，学会正确看待分享。家长要理解孩子对分享的担忧，试着引导和启发他们明白"分享不是失去，而是互赢"。分享可以体现自己对他人的关心和帮助，同时自己也会收获到别人给予的温暖和快乐。

第三，创造分享机会。家长可以在与孩子玩乐或是与他人交往时，主动创设需要孩子分享的情境，让孩子在实践活动中体验帮助他人所带来的满足感和成就感，增强孩子分享的主动性。

8. 孩子提出想去小朋友家里住几天，家长应该怎么做？

孩子提出类似的要求，可能是对人际关系的判断缺乏边界，也可能是受到周围的人的影响。家长如果直接拒绝，孩子很可能会出现伤心、失落、赌气等表现。家长可以从以下几个方面来进行引导。

第一，肯定孩子的想法，这是孩子社交能力提升的表现。

第二，厘清关系。家长应有意识地和孩子一起探讨人际关系是什么，交流与人相处的方法，让孩子清楚与人相处是有边界的，知道什么是家人、什么是朋友，明白家人和朋友的亲疏关系。家是属于自己和家人的私人空间，非特殊情况是不能留宿别人家的，反之，也不能轻易把其他人带回家留宿。

第三，学会说"不"。在讲清楚道理后，如果孩子还是坚持自己的想法，家长必须坚定地对孩子说"不"，温柔而明确地拒绝。同时，家长需注意观察孩子的情绪表现，给予适当的安抚，但是要坚持原则。

9. 孩子未经别人允许就去拿别人的东西，这种行为如何纠正？

小学低年龄段的孩子好奇心强、自控能力差，对是非的判断能力还有欠缺，有时会出现未经别人允许就去拿别人的东西的现象，偶尔甚至还会去抢夺、破坏别人的东西。家长应帮助孩子纠正这种行为。

第一，及时制止。出现这种情况，家长要及时制止。如果孩子情绪特别激动，先稳定其情绪，再询问其拿别人的东西的原因，最后一起分析事情的对错，提高孩子明辨是非的能力。

第二，主动表达。家长要和孩子建立良好的亲子关系，鼓励孩子大胆主动地表达自己的想法，以便及时了解孩子的需求并适当地满足。

第三，巧妙奖励。生活中，家长要利用周末和假期带孩子去做他们感兴趣的事情。当孩子努力去完成一些事情时，家长可以对孩子进行口头表扬，或准备一些小礼品作为奖励，让其知道想要的东西需要通过自己的努力和付出才能获得。

第四，感同身受。当孩子有抢夺别人的东西的行为时，家长可有意拿走其喜欢的东西，让其体验东西被别人拿走的感受。

10. 孩子上课不专心、不听讲，怎么办？

孩子上课不专心、不听讲，可能是因为基础不好、跟不上，或者注意力不集中，也可能是因为生活环境的影响等。要想帮助孩子解决这个问题，我们可以先跟孩子沟通以了解原因，再试着照下面这样做。

第一，如果是因为孩子基础薄弱、知识欠缺，家长可以跟老师沟通，寻求老师帮助，听取老师的合理建议，有意识地培养孩子课前预习、课后复习的习惯，这样既能了解孩子的学习情况，也能帮助孩子巩固基础知识。

第二，如果是因为孩子自控能力差，专注力较弱，家长应明白孩子的专注力与年龄成正比，年纪越小可维持的专注时间越短。若要加强孩子的专注力，家长可以通过生活中的游戏和活动来培养孩子的专注力，比如：种植植物，让孩子观察并记录它的变化；学习棋类，让孩子静心下棋、学会思考，等等。

第三，家长应了解，孩子专注力的发展也可能是因为生活环境的影响，如电子媒介的使用频率，生活环境的嘈杂程度等。建议家长在生活中尽量为孩子创设安静、整洁、少干扰的学习环境。

11. 为什么有的孩子一遇到考试就紧张，有时睡不着，有时恶心，有时肚子疼？

在面对考试的时候，孩子会感到紧张和不安，这是很常见的压力现象。在考试之前，有的孩子可能会表现出情绪不稳、头疼、失眠、肚子疼等；有的孩子在紧张的时候可能会出现手抖、心慌、注意力狭窄（注意范围明显缩小）等，低年级的孩子甚至会出现小便失禁。孩子平时会做的题，考试时却因为紧张而答不上来。我们可以采用下列方式帮助孩子舒缓情绪。

第一，要让孩子对考试成绩有一个正确的认识。一场考试的成绩如何，并不能衡量一个人成功与否，人的一生总是会有不如意、波折和失误的时候，不能将一两场考试的成绩与自己是否优秀挂钩。

第二，要让孩子明白考试成绩受诸多不确定性因素的影响，哪怕是经过长时间的复习，也会出现一些意料之外的情况，导致发挥失常。失误很正常，学会面对和减少失误也是一种成长。

第三，教孩子放松。当孩子感到非常紧张时，可以引导孩子学会"按下暂停键"，暂时离开当前的环境或者放下手中的事情，深深地吸气和呼气，让自己放松下来。

12. 孩子遇到问题喜欢推卸责任，不认错，怎么办？

在孩子遇到问题就推卸责任、逃避、不敢面对、不认错时，家长一定要正确处理。

第一，允许孩子犯错。有的孩子会习惯性地推卸责任，不敢承认自己的错误，喜欢撒谎。这主要是由于家长平时对待孩子过于严厉，惩罚过重，使得他们不敢去负责，生怕被追究责任。因此，家长对待孩子的错误应该宽容，允许其犯错、试错。

第二，鼓励孩子敢于负责。家长要让孩子知道其行为的后果，并要孩子为此负责。在孩子犯错时，要纠正其错误行为，并要孩子对其所犯的错误承担责任。比如：孩子打破了别人的水杯，就要向别人道歉并赔偿。

第三，对孩子勇于担当的行为给予肯定与激励。孩子犯了错误后如能主动承担责任，要对其表现给予肯定，让孩子知道对自己和他人负责是一种可贵的品质，值得学习和赞扬。

13. 为什么孩子做任何事情都要讲条件？

孩子喜欢讲条件，可能是因为想对自己的生活有掌控感。这是孩子成长和发展的正常阶段，需要家长引导并帮助他们了解哪些是适当的行为、勇于承担相应的责任。我们可以从以下几个方面对孩子进行引导。

第一，倾听孩子的需求。了解孩子为什么喜欢提出条件，倾听他们的需求和担忧。有时候，孩子可能只是需要表达自己的意见和想法，而不是真的要讲条件。

第二，适当满足孩子的需求。当孩子提出合理的条件的时候，家长可以适当满足。要让孩子明白，讲道理的事情家长是支持的，但触及底线的事情就一定要按照原则或约定做。

第三，用"可以"替代"不"，以迂回的方式来拒绝孩子不合理的条件。比如，孩子问："妈妈，我能出去玩吗?"妈妈回答："可以啊，咱们洗完碗就可以出去玩了。"当孩子听见"可以"这两个字时，会产生一种需求被看见的安全感，有了期待和满足，不满也会随之减少。

14. 孩子想干什么就干什么，缺乏规则意识，该怎么办?

小学生的认知能力和自控能力还在发展中，他们容易忽视规则的存在和重要性。我们可以从以下几个方面来引导。

第一，培养孩子的规则意识。家长要重视培养孩子良好的文明习惯和生活习惯，将其融入日常生活。比如：走路要走人行道，过马路要看红绿灯，如果不遵守交通规则，会给自己带来严重后果。

第二，让孩子参与规则制定。与孩子一起制定规则，规则的表述要做到正面、清楚、明确，并易于理解。特别是对于年纪小的孩子，有时还需要做一些解释和示范。比如：可以规定"要及时将垃圾扔进垃圾桶"，而不是"垃圾不能乱扔"，让规则更明确、更易理解，起到正面指引的作用。

第三，保证家庭规则的一致性。家庭成员必须一致地执行规则，不可以有例外，避免孩子对规则的混淆和漠视。

15. 孩子说谎，大人应该如何做？

孩子说谎有多种原因，多数情况下是为了躲避惩罚，家长可以照下面这样做。

第一，树立正确的价值观。家长在与孩子的沟通中要向孩子传递正确的价值观，让孩子知道什么是对的、什么是错的，学会辨别是非。

第二，坦诚沟通，和孩子建立信任感。让孩子知道诚实是重要的个人品质，每个人都有犯错的时候，只要知错能改，就是家长心中的好孩子、老师心中的好学生。

第三，讲清楚说谎的后果。家长可以通过一些小故事或者身边发生的事例告诉孩子说谎会失去信任、损害人际关系等，让孩子明白诚实的重要性。

第四，多与孩子平等交流，少批评，给予孩子试错的机会。让孩子知道家长不会因为他的一次说谎就不爱他，不管他遇到什么困难，家长都会陪在他身边一起面对和解决。

16. 家长怎么说，孩子才愿意听？

孩子受神经系统发育的制约，很难像大人一样调节情绪、自我安慰。他们听到家长的说教、批评的时候，会感觉自己遭到打击和否定、不被理解和尊重，就容易出现低落、抵触的情绪。进入青春期的小学高年级的孩子，甚至会反感与父母的交流。家长可以试着照下面这样做。

第一，放下家长的架子，和孩子做朋友。如果孩子独立意识增强，而家长依然保持自己的尊严，要求孩子必须听自己的，或者通过唠叨、诉苦的方式让其就范，孩子可能就会抗议。家长要把自己的角色转变为孩子的朋友，遇事与孩子商量。孩子若把家长看作朋友，就会向家长敞开心扉。

第二，尊重孩子的隐私，允许并且保护孩子自己的世界。不少小学高年级的孩子已进入青春期，想有自己的独立空间，希望保守自己心里的小秘密。家长不要因为急于知道孩子在想什么而总是喋喋不休地刨根问底，更不能偷看孩子的日记，或私下里翻动孩子的东西。家长只要真诚地爱孩子，给孩子充分的信任和尊重，孩子的心门就会向家长打开。

第三，学会倾听孩子的意见，理解孩子言语中表达出来的情感需求和思想观念，并予以接纳理解。在孩子表达时，家长要专注地耐心倾听，哪怕孩子的表达有偏差、错误，家长也不要急着去纠正、批评，要试着站在孩子的角度理解、肯定和鼓励孩子的良好态度、正确观点，对孩子在表达中流露出的正常的情感需求给予满足。

17. 孩子一遇到困难就逃避，该怎么帮助他？

孩子都会面临想尝试却又怕尝试的情况，怎样才能既不纵容逃避，又不强逼孩子以致造成伤害呢？家长可以从以下几个方面来引导。

第一，接受孩子的畏难情绪，帮助他勇敢面对。当孩子出现畏难情绪时，先接纳、安抚他，不要笑话、否定他，要和孩子一起面对，适当给予孩子一些指导和帮助，鼓励他打消畏难情绪。终有一天，孩子会明白，勇敢的意思不是不害怕，而是虽然害怕但仍会有所行动，愿意改变。

第二，设置一些难度适中的任务，陪伴孩子共同完成。关注孩子做事过程中所付出的努力（包括想不同的办法，主动寻求家长帮助等），帮助孩子认识到过程和细节的重要性。这样，下次孩子会更加注重过程，明白通过坚持不懈的努力可以改变最后的结果，从而学会成长。

第三，帮助孩子储备抗挫折的心理资源。比如：个人方面，教给孩子一些调节情绪的策略；家庭方面，建立温暖、可信任的亲子关系；社会方面，鼓励孩子多参与一些有意义的活动，让孩子看到自身的价值。

18. 孩子总是招惹别人，怎么办？

孩子爱招惹别人可能有两种原因：一种是无意的，即不懂得社交规则；另一种是有意的，即故意惹恼别人以寻求关注。以下建议可以帮助孩子学会更好地与他人相处。

第一，培养同理心。当孩子招惹别人时，家长可以问孩子："你有没有想过，如果别人这样招惹你，你是什么样的感受？"让孩子感同身受，懂得理解他人，从而不去招惹他人。

第二，关爱孩子。每个孩子都渴望被关注，但由于没有养成良好的行为习惯，可能会出现违规违纪、与同学相处时没有分寸感的行为。家长要多关爱自己的孩子，让孩子有安全感，感受到家庭的温暖和家长的爱，从与家人相处的方式中学会与其他人相处。

第三，分析孩子招惹别人的原因。很多时候，孩子招惹别人可能是因为自己的东西被他人占用，心里着急，又不知道该怎么解决，就容易引发冲突。我们应该先问问孩子为什么会这样做，再教育引导孩子要用恰当的方法解决问题，让孩子知道打人、骂人都是不对的。

19. 如何对孩子进行初中入学指导？

孩子从小学升入初中，即将进入陌生的校园、面对陌生的同学和老师，大多都会担心、害怕。有些孩子因为严重焦虑，甚至会失眠、食欲减退、沮丧、易怒。家长可以从以下几个方面来帮助孩子。

第一，建立信心。家长与孩子沟通，让孩子了解自己通过小学的学习有了哪些优势、学会了哪些本领和特长，引导孩子发现自己的优点、建立升学的信心。

第二，了解中学。家长可以和孩子商量想选择什么样的学校，和孩子一起了解心仪的学校的基本情况。有条件的话，家长还可以带孩子去参观中学的校园，让孩子熟悉环境、消除焦虑。

第三，做好准备。家长可以邀请初中生和孩子聊一聊初中的生活，谈一谈对初中的憧憬。家长还可以和孩子一起准备初中学习需要的书包、文具以及生活用品。寄宿的孩子会有分离焦虑，家长更要加强沟通与观察，从心理上消除初中生活的不确定性给孩子带来的不适。

20. 孩子遇事不懂得感恩，认为他人的付出都是理所当然的，该怎么办？

孩子不明白何为感恩、不关心别人的感受，是缺少同理心的表现。

第一，要让孩子感知到他人对自己的关心、付出和帮助。有时候，家长可以适当告诉孩子自己的付出、成长和变化，让孩子体会到家长对自己的关怀与爱护，引发其对自己如何向家长表达爱和关心的思考。

第二，以身作则，为孩子做好表率。家长要真诚地感谢别人的帮忙，即便别人不能帮忙，也要理解别人的难处。家长得到了孩子的协助，也要适时地说声"谢谢"。比如，当孩子完成了一项家务后，家长要告诉他："谢谢你理解我的工作，让我一回来就能看见整洁舒适的家，我感到非常高兴。"

第三，让孩子学习记录经历过的令人感动的事，表达感激之情。在和孩子交谈的时候，家长可以这样说："最近有没有人帮助了你，并且使你感到非常感动和高兴？"

21. 在多子女家庭中，总有一个孩子觉得父母不爱他，该怎么平衡呢？

在多子女家庭中，经常会出现孩子对爱的需求的冲突。要平衡家庭中爱的天平，家长需要智慧，可以试着照下面这样做。

第一，创造与孩子共同成长的机会。家长可以安排孩子们共同游戏或劳动，体会亲情的宝贵。比如：年龄大的孩子照顾弟弟妹妹，年龄小的孩子在节日里给哥哥姐姐准备小礼物表达感谢等。

第二，适时给予专属关爱。如果年龄大的孩子表达出感觉到家长不公平，家长一定要重视，多问问孩子的想法，对合理的建议可以采纳，让孩子感受到家长很重视他的想法。必要时，家长还可以给予孩子一些专属的关爱，如单独和他聊天、看电影、外出活动等。同时，家长也要关注和照顾其他孩子的感受。

第三，同等对待，公平公正。在处理孩子之间的冲突时，家长要尽量客观，不管哪个孩子，做得对就要表扬，做得不对就要指出和批评。比如：弟弟未经哥哥同意，拿了哥哥的书，还把书撕坏了，哥哥一气之下动手打了弟弟。家长应先问问两个孩子到底发生了什么事情，分辨清楚对错后再进行教育。可以先批评哥哥"打弟弟是不对的"，再批评弟弟"哥哥不允许就不能动他的东西，撕哥哥的书也是不对的"，然后鼓励兄弟俩一起想办法把书粘好。

22. 小学高年级孩子逐渐进入青春期，家长要开始对孩子进行性教育吗？

孩子不是等大了才学习性知识，而是从小就需要了解一定的性知识，特别是懂得如何防范性侵害，到了小学高年级，孩子逐渐进入青春期后，家长可以照下面这样做。

第一，进行青春期性知识的启蒙教育。五六年级的部分孩子已经进入青春期，家长可以从人体结构、青春期发育的特点等方面让孩子初步了解男生和女生的身体、心理方面的发育情况，懂得男生和女生要互相尊重。

第二，进一步加强孩子的防范意识。家长一定要教给孩子自我保护的方法，比如：不要轻信陌生人的话，遇到危险要大声呼救，对网络和生活中的负面引诱要学会拒绝和报警，要保护自己的私密部位（包括面对熟悉的成人）……提高孩子对于潜在危险的警觉性和应对能力。告诉孩子：不论对方是谁，当感到不安全时要想办法立即离开，并告诉自己信任的成人或者拨打110报警。

第三，发现问题要正面应对。家长应多和孩子沟通交流，及时关注孩子的生理状况和情绪的变化。一旦发现孩子遭受了性侵害，要及时干预、处理，保护孩子的身心健康。比如：及时报警，进行专业的心理疏导和治疗，陪伴、鼓励、帮助孩子从阴影中走出来。

23. 孩子缺乏学习上进心和动力，该怎么办？

有些孩子的学习成绩不理想，是因为缺乏学习上进心和动力，在学习上缺乏主动性。家长可以试着从以下几个方面来做。

第一，多和孩子沟通，找出原因。家长可以找时间单独和孩子坐下来好好地聊一聊学习的问题，了解清楚孩子在学习上遇到了什么困难：是上课听不懂？是作业不会写？还是不清楚为什么要学习？问清楚原因后，家长就要有针对性地去解决这些问题，协助孩子找到自己学习的动力。

第二，制定简单且容易完成的目标。如果孩子的基础比较差，想让他立即达到一个很好的程度，这会很难。家长可以为孩子先制定一个很小并且容易完成的目标，当孩子完成这个目标之后，再制定一个大一点的目标。孩子每完成一个目标，家长就适当地给予奖励。家长可以尝试让孩子按照这样的步骤一点点地完成：学会认真地听课—每次写作业提速—字体慢慢变好—提升一门课成绩—提升两门课成绩……虽然速度慢了一些，但过程很扎实，要及时肯定孩子的努力。

第三，放手让孩子做感兴趣的事。家长要多抽时间陪伴孩子，帮助其进行学习之外的有益调剂，可以是做运动、玩游戏、看书、看动画片……孩子做自己感兴趣的事时，自然就会感到心情愉悦，全身心地投入，这有助于专注力的提升，对学习习惯的养成也有很大的促进作用。

24. 孩子脾气暴躁，容易情绪失控，遇到不顺心的事情要么生闷气，要么与人发生肢体冲突，怎么办？

常有家长反映孩子脾气大，情绪易失控。要想降低"风暴等级"，家长可以尝试从以下方面来引导孩子。

第一，平复自身情绪。首先家长自身情绪要平静，不要急于评判孩子的对错，确保自己处于心平气和、理解包容的状态，再引导孩子平复情绪。家长的情绪表现就是孩子最好的行为示范。

第二，给予孩子情绪出口。当孩子情绪不能自控时，家长必须有足够的包容和耐心，给孩子一定的时间和空间，让其在安全的情况下自由地宣泄情绪，如哭一会儿、絮叨一会儿。每一个孩子宣泄情绪的方式都不一样，只要不伤害别人和自己即可。

第三，识别孩子的需求，提供支持和陪伴。通过情绪了解孩子的需求后，给予积极和正向的回应、温暖的关心和支持，情绪自然而然就疏通了。

第四，寻求帮助。如果孩子的暴躁脾气和愤怒情绪严重且频发，对学习和生活产生了极大的负面影响，家长可以考虑寻求专业人士的帮助，如咨询心理辅导老师或心理医生。他们可以提供更深入的评估和个性化的建议，以帮助孩子有效地管理情绪。

25. 单亲家庭的孩子在教育中需要注意什么？

单亲家庭的孩子出现问题的现象日益突出，为了让单亲家庭的孩子健康、快乐地成长，家长应该关注这些问题。

第一，面对孩子时，不应抱有亏欠的心理。许多家长认为自己的婚姻生活不如意，让孩子缺少父亲或母亲的陪伴，总是对孩子心怀歉疚，一味地迁就孩子。无底线地宠爱、迁就，会导致孩子出现撒谎、攻击、自以为是等不良行为。

第二，尽量不要把负面情绪传递给孩子。每一段婚姻的结束，多少都会给当事人带来负面的情绪。两个人的感情伤害尽量不要牵扯或传递给孩子，更不能阻断父亲或母亲跟孩子之间的来往，也不能阻碍孩子与父母都建立亲密关系，要让孩子拥有爱与被爱的权利。

第三，对父母分开的理由进行比较客观的说明。父母不应回避此类问题，要对两个人分开的理由进行客观的说明，别让孩子心里存有疑虑，也别让孩子自卑，认为是自己的问题。

初中篇

1. 进入初中之后，孩子越来越关注外表，家长该如何引导？

青春期的孩子面临的一个重大挑战，就是接受自己迅速变化的身体。处在这个时期的孩子，对自己的外表极为敏感，认为这是被他人认可和接纳的关键所在。面对这样的情况，家长可以试着这样做。

第一，倾听和理解。首先，家长要倾听孩子的感受和想法，理解他们为什么开始关注外表，可能是因为同龄人的影响、社交媒体的压力，也可能是因为身体变化所带来的情绪波动。其次，要与孩子多沟通，让他们感受到家长的支持和理解；同时给予孩子更多的关注与欣赏。

第二，保护孩子对美的追求和向往。适当地关注外表的美可以增强孩子的自信心，有利于孩子在同伴中树立良好的形象，使他们在人际交往中更加自信。

第三，引导孩子建立正确、健康的审美观念。家长要提醒孩子除了关注自己的容貌衣着等外在美以外，更要学会提升自己的内在品质和能力，如善良、努力、诚实等，让他们明白，真正的美来自内心的坚定和自信。

2. 怎样守护青春期孩子的心理健康？

青春期是孩子身心变化最迅速、最明显的时期，这个阶段的孩子面临着生理和心理上的巨大变化，这些变化可能导致孩子出现一些心理冲突。因此，守护青春期孩子的心理健康尤为重要，家长可以从以下方面为孩子提供支持。

第一，对孩子的期望要适度。如果家长对孩子期望过高，支配过多，会让孩子变得更脆弱，孩子会为了避免错误而放弃自己的创造性，放弃通过失败来学习的机会。长此以往，会使孩子失去创造力和想象力。因此，家长对孩子应持一种适度的期望。

第二，对孩子的评价要以鼓励为主。无论是在生活中，还是在学习中，对于许多孩子来说，既有令人兴奋的成功，也有使人困惑的失败。对于孩子的失败或挫折，家长要具有足够的耐心和冷静，保护孩子的自尊心。在孩子不断努力的过程中，家长要善于发现孩子的进步，及时地给予不同形式的表扬与肯定。

第三，营造和谐的家庭氛围。和睦的家庭氛围对孩子起着举足轻重的作用。在和睦家庭中成长起来的孩子，表现出情绪稳定，情感丰富、细腻，性格开朗，团结友爱，自信心强等特点。为了孩子的心理健康，家长有必要为孩子创设温馨和睦的家庭氛围，在培养孩子的过程中，家长都需要投入精力，付出爱心、信心、耐心、恒心，并努力提高自身的心理健康水平。

3. 孩子总是怀疑自己，自怜自卑，作为家长该怎么办？

自卑，在很大程度上是孩子自我认同感缺失的表现。当体会到自我价值的肯定过少、外界的负面评价过多时，孩子会感到悲观或沮丧。培养孩子的自我认同感，对于家长来说是一件极其重要的事。

第一，构建良好的家庭环境。和谐的家庭环境、家长与孩子的良好关系是孩子自我认同感发展的必要条件，在孩子自我认同感发展的过程中起着重要作用。家庭成员尊重且互相关爱，家长对孩子采取接纳、鼓励的态度并且做出榜样示范，有利于孩子形成自我肯定的评价。

第二，正确表达对孩子的爱。家长的爱影响孩子对安全感的获得，安全感有助于孩子自我认同的健康发展。充满爱心和责任感的家庭，是培养出健康、有所作为、乐观向上的孩子的基础。

第三，鼓励孩子和同龄伙伴交往，建立良好的人际关系。这不仅可以增强孩子的信心，促进他们更好地认识自己，还能形成较为完善的性别认同和情感认同。

4. 孩子出现了心理问题，家长该怎么做？

当孩子出现了心理问题，家长既心痛着急又茫然无措，那么，如何帮助孩子呢？

第一，放平心态，正视孩子的心理问题。家长的平稳情绪对孩子的心理康复有着非常重要的疗愈作用。家长要放下"面子"，接纳孩子的现状，不埋怨、不指责，把孩子的健康放在最重要的位置。

第二，细心观察孩子的情绪状态和行为表现。如果孩子的心理问题比较严重，家长需要及时寻求专业帮助，不要因为病耻感而讳疾忌医。可以咨询心理医生或专业机构，寻求专业的治疗和指导。

第三，关爱、理解、支持孩子，给孩子提供安全环境。家长要尽量营造轻松愉悦的家庭氛围，让孩子感受到安全和信任，给予孩子足够的关心、支持和鼓励，积极寻求办法，和孩子一起面对困难，帮助孩子渡过难关。

5. 发现孩子自我伤害怎么办？

孩子实施自我伤害，表明他的内心可能正遭遇难以排解的痛苦，于是通过肉体的痛苦来减轻或缓解心理的痛苦。面对孩子自我伤害的行为，家长除了担心焦虑，更应该采取积极、理性的态度对待，帮助孩子摆脱自我伤害的困扰。家长可以尝试这样做。

第一，成为孩子最好的倾听者和支持者。家长不要去劝导、指责、抱怨和质问孩子，试着用温和的态度、平常的语气和孩子聊聊生活中他感兴趣的人、事、物、境。要和孩子在心理上建立起相互依靠、相互依赖的信任关系。

第二，孩子的自伤行为可能是由于心理问题或现实刺激引起的，家长可以尝试了解孩子的痛苦感受或无法排遣的苦闷，也可以带孩子去心理咨询机构或医院心理科进行诊断和治疗，为孩子寻求专业的心理辅导，让孩子得到专业的帮助。

第三，耐心且细心陪伴孩子，保证孩子的安全。在孩子产生了自我伤害行为后，家长要注意观察孩子，特别是孩子言行反常可能危及生命时，要高度重视，及时和学校联系寻求帮助，共同研判和商量解决办法，防止极端事件的发生。

6. 孩子对教师有抵触情绪怎么办？

在学校生活中，师生关系是初中孩子需要处理好的重要的人际关系。孩子有可能与老师发生冲突，对老师产生抵触情绪。家长知晓以后，可以对孩子进行如下引导。

第一，接纳孩子的情绪，为孩子创造宽松、自由、安全的心理氛围，允许孩子发表对老师的看法。在认真倾听孩子讲述的同时，积极引导，让孩子学会客观、理性地分析，学会换位思考，提高对问题的认知能力。

第二，如孩子情绪激烈，家长可以试着了解孩子抵触情绪的来源，如果教师的教育教学方法确有偏差，可以和学校教师管理部门沟通，一起协商解决。

第三，帮助孩子建立对老师及教师职业的尊重，认识到良好的师生关系对自己学业发展、人格完善具有重要意义，逐步化解孩子的抵触心理。

第四，引导孩子认识、接纳老师之间的差异。由于年龄、学识、生活阅历、个人性格等方面的差异，每位老师解决问题的方法和表达方式会有所不同，在教育教学上也会呈现不同的授课方式和教育风格。孩子要认识到老师之间的差异，学会接纳每位老师的不同。

7. 在孩子的成长过程中，家长如何与老师一起形成教育合力？

家庭和学校，是影响学生发展的重要环境。家长对老师的认同与依托、对学校的信任与支持，老师对家长的尊重与理解、对学生的关爱与呵护，是建立相互信任的家校关系的必要条件。

第一，家长要认识到良好的家校合作关系有利于为孩子提供和谐的教育环境，家长要积极主动地了解、配合、支持学校和老师的工作，建立良性的家校关系，创设和谐的教育环境，更好地促进孩子的全面发展。

第二，家长坦率而又真诚地交流有助于跟老师建立信任感与认同感。家长要主动、及时与老师沟通孩子在家的各种情况，如思想情绪、学业状况、行为表现和身心发展等情况。切忌因为担心孩子的所作所为会给老师留下不好的印象而遮掩；也应将孩子在家中良好的表现反馈给老师。

第三，如果孩子在校期间遇到困难，或者出现问题，一定要勇于面对，积极主动地与老师联系，跟老师沟通时注意控制情绪，心平气和地商议解决办法，争取问题的有效解决。

8. 孩子才上初中，关注孩子生涯规划是不是太早了？

接受生涯教育，对孩子的人生发展有着重要意义，生涯教育越早开展越好。生涯规划需要建立在全面、深刻地认识自我的基础之上，初中孩子在这一点上还不成熟，需要家长的指导。家长可从以下方面着手。

第一，帮助孩子认识自己，确定人生目标。家长要帮助孩子认识自我，觉察自身的优势和不足，了解社会环境中存在的机遇与挑战，结合孩子的实际情况进行教育和引导，让孩子对自己有较为清楚的了解，确定符合自己发展的目标。

第二，培养孩子规划自己人生的能力，在未来生活中不迷失方向。家长要有意识地培养孩子生涯规划意识，并在每一个学段进行整合，看到孩子的需要，帮助孩子进行选择，帮助孩子拥抱人生。

第三，尊重孩子的选择与兴趣，鼓励孩子去规划设计自己的人生之路，不能将自己所设计的人生规划强加给孩子。作为家长，应该给孩子自主选择的权利与空间，做孩子一生的引路人和支持者，而不做操纵者。

9. 孩子没有目标，对未来感到迷茫，如何引导？

明确的目标能够激发孩子的积极性，增强他们的自我驱动力，并帮助他们建立自信心。面对缺乏目标和梦想的孩子，家长需要引起高度重视，积极引导孩子树立目标。

第一，家长要帮助孩子了解自己的兴趣和能力。在此基础上，鼓励他们识别想要达到的目标，并学会制订实现这些目标的计划。学会将大目标拆解成小目标、阶段目标，并找出身边可以调动的资源，保障各阶段目标的实现。

第二，家长要给孩子提供良好的自主学习和自我发展的环境，帮助孩子提升自我管理和自主学习的能力。

第三，家长不要随意否定孩子的目标。尽量做到换位思考、积极引导，鼓励孩子勇敢试错。在孩子追求目标的道路上，难免会碰到阻力与难点，经各方面尝试努力后，孩子会收获很多经验。

10. 孩子容易和同学产生冲突，甚至失控动手，怎么办？

青少年正处在生理和心理快速成长发育的关键时期，情绪本身就不稳定，孩子在与同伴相处的过程中，更容易产生冲突，甚至行为失控、大打出手。面对这种情况，家长可以对孩子进行如下引导。

第一，言传身教。当家长面对一个情绪失控的孩子时，可能会忍无可忍，对孩子大喊大叫。长此以往，孩子在与同学相处的过程中也会模仿家长的行为，在与同学产生冲突时，对同学大喊大叫，甚至动手。因此，在平常与孩子相处的过程中，家长要学会管理自己的情绪，让孩子从家长的身上学会管理情绪的方法。

第二，允许孩子有负面情绪。当孩子出现负面情绪时，家长要学会倾听，认可孩子有在家里表达负面情绪的权利，并对此给予接纳和理解，鼓励孩子采用适合的方式表达。

第三，教会孩子处理情绪的方法。在孩子情绪比较平静的时候，家长可以和孩子一起分享一些处理情绪的方法，如深呼吸，并和孩子一起练习运用这些方法，让孩子能够掌握一些缓解负面情绪的方法。

第四，鼓励孩子多与人交往。让孩子在与人交往的过程中学会尊重他人、学会倾听，不把自己的意愿强加给别人，学会采用分享、讨论等方式来解决问题。

11. 担心孩子跟行为表现不良的人在一起玩会学坏，怎么引导孩子正确交友？

交友能力是一个逐渐发展的过程，需要时间和经验。引导孩子正确交友有助于培养他们的社交能力，建立健康的人际关系。家长不能仅仅着眼于担心孩子跟行为表现不良的人在一起玩会学坏，而是要帮助孩子建立良好的人际关系，并鼓励他们在这个过程中学习和成长。具体可以从以下方面努力。

第一，关心孩子的交友状况，给孩子空间，让孩子感受到信任。家长注意不要用自己的主观好恶来控制孩子的交友，要合理引导，让孩子自己学会明辨是非，择善而从。

第二，不要轻易对孩子的朋友"查户口"。这会让孩子觉得家长不尊重自己和朋友，容易产生对立情绪。与其让孩子在高压下隐藏自己交友的真实状况，不如给孩子一定的自主权，让孩子感到自己是被尊重和信任的，这样孩子也会更乐意与家长交流。

第三，随着孩子的成长，以及个人判断能力的提高，其交友圈也在不断地"刷新"，家长可以在不引起孩子反感的前提下，与孩子讨论其朋友的表现，让孩子充分了解他的朋友，相信孩子最终一定会做出正确的选择。

12. 孩子喜欢模仿一些不良动作，说一些不雅词语，怎么办？

初中孩子对事物充满好奇心，有强烈的模仿愿望，容易受到周围人和事物的影响，对是非的判断带有很强的主观意识。家长需要引导孩子树立正确的价值观，培养孩子良好的行为习惯。

第一，关心孩子行为表现，严格要求。家长要多和孩子交谈，及时了解孩子思想上出现的各种苗头，掌握合适的亲子沟通技巧，与孩子建立良好的沟通关系，孩子才能主动向父母说出自己的需求和愿望，并接纳父母的意见。

第二，以身作则，言传身教。孩子的表现往往是家长行为的一面镜子，孩子的言谈举止很容易受家长的影响。如果家长的良好言行成为孩子模仿的对象，耳濡目染下，孩子的言行就会向好而行。

第三，采用合适的教育方法。有不少家长，在孩子未出现问题的时候，放任自流。一旦发现问题，或惊慌失措，束手无策；或姑息迁就，放纵溺爱；或打骂交加，粗暴对待。在孩子出现不良行为后，切记不要采用简单粗暴的方式，应分析孩子产生这些行为的原因，然后针对这些原因寻找办法，合理疏导。

13. 孩子在学校被欺负，家长怎么办？

当孩子在学校被欺负时，家长要高度重视，及时采取行动，与学校合作解决问题。为孩子创造一个安全、和谐的成长环境。在处理问题时，家长要做到以下方面。

第一，管理好情绪，保持冷静。听到孩子在学校被欺负，家长一定不要冲动，首先要保持冷静，控制自身情绪，耐心听取孩子的倾诉，引导孩子讲清楚事情的前因后果。然后积极和班主任取得联系，将事情反映给老师，请老师去调查了解，在此基础上配合老师妥善做出处理，减轻对孩子的伤害。

第二，重视孩子的心理感受。孩子能够回家跟家长说起自己的遭遇，就是想将其遭遇跟最亲近的人倾诉，期望得到家长的关爱和安慰，以寻求安全庇护。如果孩子在学校被欺负以后出现害怕上学、害怕出门、交友焦虑等情况，家长需要及时联系专业人士给予孩子心理疏导。

第三，了解孩子过往被欺负的经历。对于欺凌性质的欺负，对孩子来说会造成一定的身心伤害，产生恐惧和不安全感。如果情节严重，家长和学校要及时报警，让警方介入调查处理，保证孩子的身心安全。

14. 如何面对青春期孩子的"逆反"？

孩子进入青春期后，可能出现不同程度的"逆反"。他们会为了显示自己已是"成人"而盲目地反抗，无论家长意见正确与否都不想听。面对青春期孩子的"逆反"，家长可以参考以下做法。

第一，家长切忌在双方情绪冲动的情况下处理问题。要先学会缓解情绪，等双方冷静下来后，再进行沟通。沟通中只说自己的感受，不要指责孩子，以免导致争吵发生。

第二，换位思考。家长要学会站在孩子的角度去思考问题，学会接纳孩子的想法和感受，在尊重与理解孩子的基础上，耐心、平静地与孩子进行沟通和解决问题。家长在提问题时，最好以商量、平和的语气进行，比如："发生了什么?""你这样做是怎么想的?""你怎么看待这个问题?""我们谈一谈好吗?"家长要学会成为孩子的倾听者，成为孩子信任的分享者。

第三，接纳孩子的叛逆，给予孩子更多的信任。不要过分关注孩子让家长烦恼的表面问题，而要理解他们的心理需求，孩子有时指责家长只是为了被"看见"，家长要多尊重孩子的决定，让他们有试错和承担责任的机会。

15. 孩子喜欢上异性同学，作为家长该怎么去引导孩子正确认识青春期情感问题？

进入青春期，孩子对异性萌发朦胧的情感，甚至喜欢上异性同学，是青春期孩子成长中的正常现象。面对青春期孩子的正常情感需求，家长可以从以下几个方面理解、引导和支持孩子。

第一，不批评，不禁止，不侵犯孩子隐私。当青春期孩子对异性产生好感，甚至喜欢上异性同学时，家长的批评会把孩子越推越远，而禁止会勾起孩子更多的好奇，侵犯孩子的隐私也会引起孩子的反感。既然对异性产生好感、喜欢异性同学是正常合理的事，那么家长就要保持冷静，理解孩子的感受。

第二，引导孩子确定与异性交往行为规范，建立边界感。一方面告诉孩子，男女生交往要把握好尺度，掌握合适的分寸，不然会让对方感到不适；另一方面，要明确告知孩子什么样的行为是一定不能做的，否则会带来伤害。

第三，给孩子足够的爱。孩子有对爱和归属感的需要，如果这份爱和归属感在家里获取不到，他们就会从别的地方获取。家长除了关心孩子的衣食住行，还要在感受、情绪方面了解孩子的需求，和孩子进行更深层次的交流，给孩子足够的爱。

16. 如何跟孩子谈论性教育？

初中时期是性教育的关键期，但很多家长认为谈"性"是一件羞于启齿的事，家长应该学会如何正确地和青春期的孩子们谈论性教育。家长可以采取以下适宜的方式正确引导孩子，帮助他们更好地成长。

第一，要以尊重孩子为前提，不能让孩子感到被压抑。家长在与孩子沟通时，不要回避和否定与"性"相关的话题，理解孩子的相关表达，建立好和孩子的信任关系。

第二，和孩子谈"性"，要有计划，不要急于求成，可以逐渐深入，先谈"性"的一些基本概念，如性知识的意义等，然后逐渐谈到性行为、性健康等。

第三，要积极引导孩子，以合理的观点来阐述有关"性"的信息，让孩子有正确的性观念，同时引导孩子知道防护措施，建立孩子的自我保护意识。

第四，谈话的时候要给孩子回应的时间，可以让孩子说说自己的想法，以及他们遇到的问题，从而给予孩子正确的解释和建议。

17. 因孩子玩手机引发冲突，怎么办？

看到孩子玩手机失去自我约束和控制，家长往往容易焦虑和愤怒，导致亲子关系格外紧张，甚至引发冲突。要化解矛盾，家长可以尝试以下方法。

第一，尊重孩子，冷静处理。青春期的孩子对父母的依赖逐渐减弱，他们开始有自己的思想，希望得到父母的尊重，讨厌被家长控制。另外，初中学业较为紧张，孩子容易把手机当成情绪的出口，家长要能够理解。发生冲突时，家长要用冷静理智的方式表达自己的情绪。

第二，平等协商，管好手机。家长要与孩子心平气和地沟通，冲突时，孩子的激动情绪难以平复，家长应先等孩子冷静下来，让孩子提出方案，如什么情况下能使用手机、使用时长等；然后再与孩子友好协商，对孩子的方案进行修订，双方达成一致以后，形成手机使用规则。

第三，温柔坚定，持之以恒。良好的亲子关系、温暖愉悦的家庭氛围是减少因手机导致冲突的良方。执行手机使用规则时，家长态度要温柔而坚定，要把行为限制和情感关怀分开，既不因限制行为就不关注孩子的感受和想法，也不因照顾孩子的情绪而随意妥协。

 18. 孩子玩网络游戏影响学习和休息，怎么说都不听，家长该怎么办？

当家长发现孩子玩网络游戏时，通常都会非常紧张，以直接、强硬的方式来解决，但这样做并不会取得家长想要的效果，反而容易引发激烈的冲突，恶化亲子关系。家长可以尝试以下这样的做法。

第一，理解孩子。父母在看到孩子玩网络游戏时不要轻易发怒，甚至打骂孩子，而是询问孩子为何喜欢玩这个游戏，站在孩子的角度理智地分析玩游戏的利弊，举一些具体的案例更有说服力。

第二，共同制定并遵循电子产品使用规则。提前和孩子拟定手机、电脑等电子产品使用规则，商定使用电子产品的时间、场所、上网的目的和内容，并共同遵循，一起分享和讨论使用网络的心得体会。

第三，给予孩子肯定。若孩子在使用电子产品的时候遵守规则，比如，在查阅相关资料后主动放下电子产品去学习，家长就要及时给予孩子肯定。及时肯定孩子的表现，有助于他们在今后的学习、生活中增强自信心，加强自律行为。

19. 如何营造良好的家庭亲子沟通氛围？

营造良好的家庭亲子沟通氛围对孩子的成长和心理健康至关重

要。家长可以通过以下方面积极与孩子互动和沟通，促进家庭成员之间的理解和支持，为孩子的健康成长创造有利条件。

第一，构建和谐的家庭氛围，重视亲子之间的交流与互动。和谐的家庭氛围是家庭沟通的重要保障，有利于家庭成员的心理相容。夫妻之间、亲子之间经常沟通交流，才能缩短心理距离，避免外在冲突。和谐的家庭氛围里，通常是家长与孩子互动频繁，多表扬孩子积极的行为和言语，少批评和指责。

第二，倾听孩子的需求和感受。家长应该主动倾听孩子的需求和感受，既尊重、理解孩子，又不对孩子宠溺放任；既高度关注孩子的一举一动，又积极鼓励孩子独立自主，鼓励孩子去做其所喜欢而又力所能及的事情；既让孩子直言不讳，敢于发表自己的意见，又针对孩子的错误循循善诱，给予他们支持和帮助。

第三，培养孩子的沟通技巧。家长可以通过培养孩子的沟通技巧，帮助他们更好地表达自己的观点和需求。比如，让孩子学习如何倾听和表达，如何处理冲突和分歧，如何有效地沟通等，这些技巧不仅可以在家庭亲子沟通中发挥作用，而且可以帮助孩子在学校和社交场合中更好地与人交流。

20. 与孩子沟通不畅时，忍不住想对孩子说教，怎么办？

进入青春期后，孩子的情绪不稳定，有时家长在与其沟通的过程中，没说上几句话，孩子就开始发脾气，导致家长忍不住想对孩子进行说教。面对这种情况，家长可以尝试下面的做法。

第一，接纳情绪，家长要诚实地面对自己的情绪，并允许自己有情绪。只有处理好自己的情绪，才能与孩子更有效地沟通。与孩子沟通不畅时，尝试做深呼吸，然后可以对孩子这样说："对不起，我现在需要冷静一下，我先离开一会儿，平复一下自己的情绪，再与你沟通。"

第二，表达情感，让孩子明白家长的心情。在孩子发脾气时，家长可以表达出自己的感受，可以让孩子在体会我们心情的同时进行思考，便于与孩子有效地沟通。家长可以这样说："你对我发脾气，我非常难过。"此时，家长不要求孩子道歉，如果他道歉，接受就好；但如果还是觉得生气，也可以直接跟孩子表达："你知道吗，对这件事我还是有点儿生气。"家长在处理情绪时，不和孩子争对错，也许就会发现自己也有需要改进的地方。

第三，学习沟通技能，家长要不断丰富家庭教育知识，树立科学的教育理念，提升家庭教育的能力。在与孩子沟通的过程中，唠叨没有任何意义，甚至会导致孩子关闭与家长的沟通之门。因此，有效的沟通技巧，有利于发展良好的亲子关系，便于家长与孩子更加顺畅地沟通。

21. 留守家庭的家长如何与孩子建立良好的亲子关系？

长期留守在家的孩子，由于缺少家长的关爱与情感交流，缺乏归属感、安全感，更易孤独无助、自卑、胆小、早恋、网络成瘾，心理危机发生率高，也容易成为欺凌对象。为让孩子健康成长，家长要从以下几点予以关注。

第一，经常（至少每周一次）与孩子的老师或监护人保持沟通，及时了解孩子在校和在家的情况。通过老师及时了解孩子的听课、完成作业等学习情况，与同学、老师相处以及参加各种校内外活动等情况；通过监护人了解孩子独立完成作业及与人交往、做家务、使用手机和电脑、是否按时回家等情况。

第二，约定时间与孩子联系、聊天，着重关注孩子的情绪、学习压力、与人相处等方面的内容。向孩子普及生理卫生、安全防护等知识，了解孩子哪些方面需要父母提供帮助，及时帮助孩子解决生活上和心理上的困惑。

第三，特殊日子要表达对孩子的关注。在过节、孩子生日或季节变换等重要的日子，及时表达祝福、生活问候、赠送礼物等。具有纪念意义的日子父母应尽可能与孩子一起度过。如果孩子放假，父母可以把孩子接到工作的地方相聚，多陪伴孩子，同时也让孩子了解父母的工作情况，增进对家长的理解。

22. 孩子做作业磨蹭、拖沓，怎么办？

孩子做作业磨蹭、拖沓可能由多种因素引起，如学习动力不足、注意力分散、时间管理能力不足等。家长可以采取以下策略，帮助孩子培养按时写作业的良好习惯。

第一，少督促，多鼓励。家长应减少对孩子的督促，避免施加过大压力。如果作业繁多，家长不应强求孩子全程保持"全神贯注"。相反，应允许孩子在写作业的过程中适时休息。可以指导孩子采用"番茄工作法"①学习，即把大段时间切分成小段，每学习25分钟休息5分钟，训练自己25分钟只专注做一件事的方法进行时间管理，让孩子能够劳逸结合，提升专注力，从而提高学习效率。

第二，制订计划。家长应与孩子一同制订学习计划，并尊重孩子的意愿，让孩子对自己的作业时间和作业顺序有主导意识。家长

① 番茄工作法：最早是由意大利人弗朗西斯科·西里洛（Francesco Cirillo）在1992年创立的，并在其著作《番茄工作法》中对这种时间管理方法进行了详细论述。2006年，史蒂夫·诺特伯格（Staffan Nöteberg）在大量实践的基础上撰写了《番茄工作法图解》，进一步增强了番茄工作法的实用性。

只需在时间安排上提出建议，并与孩子达成共识，孩子就会从内心自觉地执行计划。

第三，创造安静环境，避免干扰孩子的学习。家长应营造一个安静的学习环境，以帮助孩子集中注意力，提高完成效率。如果孩子写作业时，家长在旁边看电视、刷视频、聊微信、玩麻将等，孩子可能会注意力分散，心理不平衡。

第四，给孩子做个好榜样。父母是孩子的第一任老师。如果父母在家时也有磨蹭、拖沓的情况，孩子可能就会模仿这些行为。

第五，鼓励孩子多思考。家长不应只关注孩子的作业完成情况，而应更加重视孩子在作业中学到了什么，以及是否有未弄懂的知识点。同时，家长应鼓励和引导孩子多思考，发现问题并解决问题。这样，孩子才能够真正理解并掌握知识，而不是磨蹭、拖沓、敷衍完成。

第六，鼓励孩子及时完成作业。家长应根据孩子的实际情况给予适当的鼓励。如果孩子按时或提前完成作业，可以用语言给予孩子肯定和鼓励，激发孩子的自我效能感，提高他们按时完成作业的积极性。

23. 如何增强孩子的学习动力，帮助其树立目标？

如果孩子缺乏学习目标，没有学习动力，家长可从以下几点入手。

第一，不随意否定孩子，给孩子选择的自由。换位思考，积极引导，鼓励孩子勇敢尝试，给孩子选择的自由，让孩子找到自己的动力。

第二，帮助孩子找到成就感。一旦发现孩子在某些方面表现出特长，就要积极地创造条件，同时要降低启动难度，像游戏升级一样，让孩子不断从中找到成就感，提高内在动力。

第三，家长和孩子制定统一目标。形成有效的合力，经常沟通目标实现的问题，和孩子一起将大目标拆解成小目标、阶段目标，并整理出身边可以调动的资源，保障各阶段目标的完成。

第四，家长要给孩子树立积极的榜样。身教胜于言教，做孩子制定目标、实现目标的领路人。

24. 怎样让孩子从容应对考试？

面对考试，部分孩子缺乏较科学的复习计划，不知道怎样梳理知识点和复习内容，学习效率不高，但自我期待较高，以至于容易产生焦虑情绪。家长可以这样引导孩子。

第一，制订合理的复习计划。要想在短时间内取得好的复习效果，必须制订计划，并且能够执行落实。

第二，把握复习的要领，遵循学习规律。家长要告诉孩子，复习时要遵循一定的学习规律，及时复习，加强理解。

第三，指导孩子缓解焦虑情绪。一是帮助孩子端正对考试的认识，考试是对学习任务完成情况的一种检验手段，一次考试的成败不能决定人的终身。二是进行情绪宣泄。多与孩子交流沟通，让孩子宣泄情绪。三是学会科学放松，如呼吸放松、冥想放松等。四是目标转移法。孩子焦虑时会烦躁不安、坐不住，这时尽量让孩子做些与学习无关的事情，分散注意力，如在考试前带孩子购物、爬山、唱歌等。五是列清单表。把容易引发孩子焦虑的压力列一个清单，按此清单找到适合孩子的调适办法。

25. 如何培养孩子养成自觉锻炼身体的良好习惯？

建立健康的锻炼习惯，能够为孩子的未来发展奠定坚实的基础。培养孩子养成自觉锻炼身体的良好习惯是家长一个长期且重要的任务。家长可以从以下方面进行培养。

第一，激发兴趣。对待不爱运动的孩子，关键是想方设法吸引孩子走出家门，和孩子一起到户外进行各种活动，如骑车、滑冰、游泳、打羽毛球、爬山等。在运动的过程中，孩子会体验到运动的乐趣和成就感，形成积极的运动意识，从而喜欢上运动这种健康的生活方式。

第二，合理的膳食和休息。家长可以根据孩子的身体情况及锻炼强度进行科学合理的膳食搭配、劳逸结合的时间安排，这样既满足了身体的需要，又促进了锻炼的效果。

第三，持之以恒。家长可以鼓励孩子对喜欢的项目进行多样化练习，如跑步可以是高抬腿跑、变速跑、赛跑、计时跑等多种形式。家长在孩子运动时要多加鼓励，最好能和孩子一起运动，让孩子逐渐养成良好的锻炼习惯。

高中篇

1. 孩子上高中后希望能自主规划自己的事务，家长担心孩子不能处理好这些问题，该怎么办？

高中阶段的孩子在认知能力、思维方式及社会经验等方面仍存在不足，会表现出成熟性和幼稚性并存的冲突，因此家长的担心不无道理。家长可以尝试使用以下方法帮助孩子。

第一，发挥家长的示范作用。家长在日常生活中注重事务规划，规划制定后注重落实，进行自我监督，并在规划不符合实际时及时进行自我调整。家长长期坚持，孩子耳濡目染，能提高其规划能力。

第二，帮助孩子制订合理目标和计划。当孩子提出希望自己规划事务的意愿时，家长应给予肯定和赞赏，并尝试跟孩子一起制订计划，为孩子提供练习机会。刚开始的时候，可以让孩子先从即时、短期的目标做起。

第三，培养孩子的执行能力。计划制订后，执行才是关键。在日常生活中，家长可以发挥监督作用，提醒孩子按时执行计划。当计划无法执行时，可以同孩子一起对计划进行修订。这样反复练习几次，孩子对生活、学习的规划能力就会得到锻炼和提升。

2. 孩子进入青春期后期，为什么会出现情绪起伏不定的情况？该怎么帮助他？

很多孩子进入高中后，逐渐从青春期初期的"逆反"趋于冷静，偶尔出现情绪不稳定的情况。这说明孩子进入了"青春期中后期"。这时的孩子尽管生理、心理的发展相对初中时更成熟，但他们仍然希望获得认同和理解，更希望在社会中找到自己的位置，实现自我价值。

在这一阶段，孩子的大脑正在经历重要的发展变化，孩子的情绪调节能力、自我控制能力还未完全成熟。同时，孩子的心理需求更加多元：一方面，孩子的自我认知仍不够清晰，容易受周围环境和人的影响；另一方面，孩子开始形成对未来逐渐明确的规划和思考。正因如此，孩子开始在学业、职业选择等方面和家长产生分歧，出现情绪不稳定的情况。

为帮助青春期后期的孩子稳定情绪，家长可以尝试以下方法。

第一，理解和支持。给予孩子情感上的支持和鼓励，帮助他们树立积极的自我形象。

第二，倾听和沟通。保持开放和尊重的态度，鼓励孩子表达自己的感受，并耐心倾听他们的烦恼和困惑。

第三，丰富课余生活。鼓励孩子参与他们感兴趣的活动，如体育运动、艺术创作等。丰富、健康的活动可以帮助孩子转移注意力，增加自信心，并建立良好的社交关系。

第四，规律的生活。培养稳定、规律的生活节奏，包括充足的睡眠、健康的饮食以及合理的时间安排，这有助于平衡孩子的情绪波动。

第五，寻求专业支持。如果家长无法有效应对孩子严重的情绪问题，可以向学校心理教师或者其他专业人士求助。

3. 如果孩子情绪低落、学习状态低迷，家长怎么帮助孩子积极应对？

高中是一个充满变化和挑战的阶段，这一时期的孩子由于受身心发展、学业压力、人际交往等众多因素的影响，容易造成情绪低落、学习状态低迷等情况。家长可以尝试从以下几方面帮助孩子积极应对。

第一，接纳表达。家长要帮助孩子认识到，在面对高中生活的各种挑战时，出现负面情绪是正常的。引导孩子接纳负面情绪，并学会适当和健康的表达，如可以通过写日记、绘画、运动或与朋友聊天等方式释放负面情绪。

第二，陪伴溯源。家长要陪伴孩子探索情绪来源。多变的情绪可能是由各种因素引起的，如学业压力、人际关系、身体变化等。家长在接纳、共情孩子情绪的基础上，与孩子一起讨论这些情境是如何引发自己的各种想法的，引导孩子理解自己情绪的来源。

第三，专业支持。家长如果发现孩子的情绪问题严重或持续时间较长，可以与学校的老师、心理专业人士沟通，或到医院专科就诊，寻求专业意见和帮助。

第四，自我监控。家长要做好自身情绪管理，情绪稳定的家长是和谐家庭氛围的保障。当孩子出现家长不愿或不能接受的消极情绪和行为问题时，家长首先要关注自己的状态、觉察自己的不良情绪，避免冲突，采用积极、正向的方式使自己的心态平和。先照顾好自己，才能帮助到孩子。

4. 发现孩子吸烟，家长该怎么处理？

孩子吸烟的成因有很多种：一是孩子产生强烈的成人感，希望自己能有成人的模样，想通过尝试成人的行为让自己看起来更成熟；二是同伴影响，青春期孩子很怕被人说不合群，在从众压力下就会尝试一些不恰当的行为；三是青春期孩子在面对成长的烦恼、焦虑时，常常会通过寻求一些强烈的感官刺激来缓解自己的情绪。家长可以尝试以下方法。

第一，理解包容。孩子出现抽烟、喝酒、打架、逃学等令家长感到焦虑、愤怒、难过、无助的问题行为的时候，其实是他们最需要家长关心、关注和关爱的关键时期。家长应试着去理解、包容孩子的不完美，从解决问题的角度思考孩子为什么会出现这些问题行为。

第二，合理满足。对于因成人感没有得到满足而尝试吸烟的孩子，家长可以给予孩子更多的尊重，来满足孩子正常的心理需求。

第三，积极疏导。如果孩子是想通过吸烟来缓解压力，家长可以帮助孩子找到压力源，用积极、健康的方法替代吸烟。

第四，营造环境。家长应注意不在孩子面前吸烟，营造积极、健康的家庭氛围，让孩子逐渐摆脱吸烟环境，戒除吸烟行为。

5. 孩子周末沉迷手机不学习，家长应该怎么办？

针对孩子沉迷手机的问题，家长可以尝试运用"六四法"智慧管理手机，即基于高中生身心发展六大特点因材施教，通过四个步骤与孩子智慧沟通，达成管理协议。

高中生身心发展六大特点是：成人感增强，希望被尊重；抽象逻辑思维占据优势地位；情感内隐，情绪不稳定；重视同伴关系；自控能力有所加强，但不稳定；独立性增强，思维活跃。

四个沟通步骤如下。

第一，平复心情。先处理情绪，再解决问题。情绪不好时深呼吸，让自己平静下来。将自己对孩子的抱怨、失望、担忧和焦虑暂时放在一边，避免冲突。

第二，换位体谅。换位思考，共情理解，避免对抗。理解孩子沉迷手机的原因和感受，并把这种理解传达给他们。

第三，协商沟通。制定契约，划定界限。边界不逾越，界内可自主。双方根据对利弊的分析，制定可执行的方案。建议家长与孩子签协议的时候用完成游戏关卡或播放某段视频作为时间段，而不是用小时计算。

第四，共同成长。榜样示范，用心陪伴。家长在手机的使用上也要做到以身作则，控制玩手机的频率。多花点时间有质量地陪伴孩子，让孩子体验到温暖陪伴的美好。

6. 孩子对身边的事情缺乏兴趣，经常说"随便""无所谓"，该怎么办？

青春期孩子自我意识较强，在学习、交友上往往想要按照自己的想法去做，但又没有形成清晰的目标，常常感到迷茫。他们在遭到家长等成人的反对时感觉自我被否定，容易愤怒，又无力摆脱这样的干预，可能会用"随便""无所谓"来表达不满。家长可以尝试以下几个方法。

第一，遵循规律。孩子的成长有自己的规律，家长要积极调整认知，接纳孩子的情绪表达，放松心情，不要让自己过度焦虑，不必总担心"来不及"，放平自己的心态，或许能让自己和孩子更加互相理解。

第二，赋予责任。家长要与孩子平等沟通家庭事务，给予孩子承担家庭责任的空间和机会，引导孩子关注身边的人和事，让孩子善于从身边平凡的小事中发现闪光点和价值，培养孩子的责任感。

第三，示范带动。家长在自己的生活、工作中要保持积极、乐观的态度，多关注事物好的一面，努力在日常生活中给孩子做示范。

7. 孩子在高中阶段学习缺乏主动性，经常磨蹭，成绩没有起色，怎么办？

出现这种现象，可能有三个原因。一是缺乏相信自己能做好的内在动力。孩子在学习中磨蹭、拖拉可能不是不想做，而是觉得自己做不了，对自己没有信心。二是学习压力大。高中阶段学业负担较重，可能给孩子带来压力，导致他们对学习过度焦虑，从而产生逃避学习的心态。三是学习方法不当。孩子目前习惯运用的学习方法不适合自己，从而导致自己虽然努力了，但效果不佳。

对此，家长可以尝试以下方法帮助改善。

第一，真诚鼓励。关注孩子努力的过程，在细节中肯定孩子的坚持、专注、挑战等内在品质，以及孩子在过程中获得的成果，让他们感受到自己的努力是可以被看见的。

第二，发展能力。家长可以尝试找到孩子感兴趣的领域或特长优势，在生活、休闲和学习中鼓励他们参与相关活动，并给他们独立完成事情的空间，让他们感受到自己有能力，产生积极的胜任体验。

第三，明确目标。协助孩子设定科学、可实现的短期、中期和长期目标，并建立适当的奖励机制，以激励他们努力学习。

第四，环境陶冶。营造安静、整洁、温馨的家庭氛围，避免娱乐设备的干扰和打断孩子的专注。比如，家长在孩子学习时玩手机、看电视，或送水果、点心等不合时宜的"关心"，这些都会打扰其学习。

第五，方法指导。帮助孩子找到适合自己的学习方法，比如：指导孩子学会如何制订合理的学习计划，记录课堂笔记和总结，应对学习上的难题等。

8. 孩子进入高中后，过分在意他人对自己的看法和评价，家长该怎么引导？

高中阶段的孩子对同伴交往的需求更强，他们希望通过社交寻求认同感和归属感，因此会很在意他人对自己的看法和评价。家长可以尝试使用以下方法帮助孩子。

第一，通情达理。在与孩子沟通的过程中，先关注孩子的情绪情感，做到先通情理后讲道理，让他们感到家长在情感上是接纳、支持他们的，他们是安全的、是被爱着的。鼓励他们分享自己的想法和感受，通过积极、正向的反馈帮助他们更好地认识自己。

第二，培养自信。支持孩子发展自己的特长，并鼓励他们适当展示自己的长处，以此建立内在的自信，这样他们就会减少对外界评价的过分依赖。

第三，方法指导。在日常生活中，可以指导孩子有意识地掌握一些社交技巧，这样可以更好地处理社交场合中的不确定性和压力。比如：倾听他人、表达自己的观点和感受，尊重他人的看法等。

第四，关注品格。在家庭生活中，注重强调内在品质、道德价值和个人成长的重要性。家长可以引导孩子将注意力放在孩子优秀内在品质的培养上，如爱国、敬业、诚信、友善等。

9. 孩子总和同伴发生争执，同伴交往陷入困境，怎么帮助他？

高中的孩子需要被关注、被认可、被赞赏，但由于身心发展的不平衡，他们在同伴交往的过程中往往会存在猜忌、以自我为中心、自卑、回避等问题，导致在校园生活中容易出现人际交往困难。家长可以尝试使用以下方法帮助孩子。

第一，调整认知。引导孩子理解在高中阶段建立良好同伴关系的重要意义，学会赏识同学，在学习、生活中真诚地肯定同伴的优点和长处，接纳与自己兴趣爱好不同的同学。同时，在交往时保持积极开放的心态、轻松自然的言行，相信真诚友善地与同伴交往，是会受到欢迎的。

第二，积极互动。同伴关系的建立是一个互动的过程，我们可以主动发出友好的信号，主动关心、帮助同伴，用自己的积极、热情和微笑影响同伴。

第三，聆听回应。在与同伴交往的过程中做一个耐心的倾听者，同时运用表情和适度的话语鼓励对方表达自己的观点。如果对方不顾及自己的感受，也可适当转移话题或婉言回绝。

第四，善意评价。同伴交往中出现分歧或矛盾是不可避免的，既不能一味迁就，也不能以自我为中心，相互指责和贬低。要以解决问题、化解矛盾为目标，对事不对人，真心实意地看到同伴的关心与善意，真诚地寻求解决问题的方法。

10. 在高一学段第二学期之后，各学校将开展选科分班，孩子可能会遇到重新适应班级环境的困难，家长怎么帮助他？

家长可以在人际交往方面给予孩子一定的指导和支持，帮助孩子形成健康的人际圈；同时，还可以从正面给予孩子更多的支持和肯定，陪伴孩子平稳地度过这一时期。

第一，主动适应。引导孩子主动交友，拓宽人际圈。家长可以鼓励孩子结合自身兴趣爱好及未来专业发展，积极参与到学校的社团活动或兴趣小组中。在培养、发展自身特长的同时，还能结识志同道合的朋友。家长还可以和孩子一起参加社区组织的志愿服务活动，在服务他人的过程中找到价值感，增强归属感，从而建立不同的人际圈。

第二，融入集体。培养孩子积极交友观念，建立良好同伴关系。选科分班是班级同学上高中以来的一次重组，要鼓励孩子多参与新班级的管理事务，多与同学交流，了解他们的兴趣爱好和性格特点。这有利于朋友关系的建立，也能增强孩子的自信心。

第三，积极沟通。帮助孩子掌握人际交往技巧，保障人际交往深度。要与孩子共同学习人际交往策略，如理解尊重、学会倾听、以诚相待和宽容谅解等，帮助孩子迅速适应新的学习环境。

11. 为什么孩子进入青春期后不太愿意与家长沟通了？

孩子进入青春期后，在人际关系的表达上会发生一些改变，家长需要科学、理性地看待孩子的成长和改变。高中阶段的亲子关系多会发生以下变化：一是情感上脱离。青春期孩子更加注重同伴关系，在情感上更加依赖同龄人，与家长的情感便不如以前亲密了。二是行为上脱离。青春期孩子十分渴望独立、自由，讨厌家长干涉和控制他们，不愿意与家长分享过多的事情。三是观点上脱离。青春期孩子对于很多事情都有了自己的见解，不再轻易接受家长和老师的观点，有时甚至觉得家长的观点不合时宜，榜样作用被削弱，导致他们不愿意与家长过多分享。想要拉近与孩子的距离，家长可以尝试下面的这些做法。

第一，共情倾听。改变与孩子相处的方式，接纳孩子的变化，对孩子能够共情与倾听，用平等的态度给予孩子意见。

第二，尊重支持。尊重孩子独自做出的决定，满足孩子对成人感的需要。

第三，朋辈互助。鼓励孩子建立良好的同伴关系，获得理解和支持、克服孤独等。

第四，高效陪伴。尽量多抽出时间陪伴孩子，和孩子聊聊他的兴趣爱好、他的好朋友，以及他所关注的社会热点话题。

12. 孩子进入高中后反感和家长讨论与异性同伴交往的话题，该怎么办？

高中孩子在人际交往的纵向及横向维度上较小学和初中时期都会有所延伸。家长出于对孩子的安全和幸福的考虑，担心孩子可能会在与异性的交往中受到伤害。但每当家长与孩子谈到这个话题时，孩子都会反感和回避。出现这种现象可能有以下原因。

一是孩子想要独立。孩子渴望展示自己的独立性，他们希望能够自己处理人际关系，不愿被家长过多干涉。

二是孩子害羞或想保护隐私。孩子可能会羞于面对这个话题，或者想保护自己的隐私，不愿意家长过问他们的交友关系。

三是孩子对家长的意见感到厌倦。如果家长平时喜欢给孩子讲大道理而不顾及他们的情绪，孩子可能会对家长提起这个话题产生抵触。

家长可以尝试使用以下方法来解决这个问题。

第一，充分沟通和理解。尝试倾听孩子的观点和感受，表达出对他们的理解和支持，让孩子知道家长是关心他们的。

第二，尊重孩子的独立性。给予孩子适当的自主权，让他们有空间和机会独立处理自己的交友关系，尽量避免过多干涉或指责。

第三，建立信任和开放的环境。与孩子建立良好的沟通和信任关系，让孩子感到安心，并且愿意与家长分享他们的经历和困惑。

第四，提供实际信息来引导。以轻松和平等的方式同孩子分享一些相关的案例或故事，让他们了解可能面临的困扰和问题，并提供一些建议和指导。

13. 当发现孩子有早恋倾向时，家长应如何巧妙应对？

青春期孩子在与同伴相处中会开始尝试更为深入的情感交流，这对家长来说是一个巨大的挑战。家长可以尝试如下的做法。

第一，尊重孩子的交往需求，给予孩子充分的信任。孩子进入高中后，生理和心理的逐渐成熟会让孩子对异性间的交往产生强烈和独特的需求。家长如果第一时间采取强硬的方式制止、阻拦，反而会加大和孩子之间的隔阂。所以在这一敏感时期，家长需要改变对早恋的固有看法，正视孩子青春期的情感需求，给予孩子更多独立自主的空间。

第二，尊重孩子的独立需要，丰富孩子的业余生活。家长要培养孩子自主解决问题的能力，让孩子习得一定的独立生活的必备技能。家长可以鼓励和陪伴孩子多参加一些兴趣活动和集体活动，培养孩子各方面的兴趣和能力，充实孩子的课余生活，满足孩子的精神需求。

第三，尊重孩子的关系需要，帮助孩子正确理解爱情。在孩子进入青春期后，家长可对孩子进行适当的性、恋爱、婚姻教育，教会孩子了解与异性正常交往的边界。在交往方式上，注重"勇敢交际，避免单独相处"。在交往程度上，不要把过多的情感倾注于某一个特定的人，要守好人际交往的边界，在尊重他人的同时保护好自己的隐私。在与异性交往受阻时，要注意控制好情绪，避免偏激言行。

14. 孩子进入高中后，作业要拖很长时间才能完成，怎样帮助孩子更好地安排时间？

高中阶段学习任务加重，写作业时间较之前长一些是正常的。家长不必急于唠叨和指责孩子拖拉，可以试试以下方法，协助孩子提高效率。

第一，和孩子一起记录时间。花一周记录每天的时间流水账，一周后找一个合适的机会和孩子分析总结。

第二，和孩子一起管理时间。一是有效分类管理，按照时间管理四象限法则对生活中的事项进行分类，即重要且紧急、重要不紧急、紧急不重要、不重要不紧急四类。完成分类后，合理安排各个事项完成的顺序，重要且紧急的事优先做，再根据需求依次排序完成。二是每天、每周对时间管理情况进行梳理总结，肯定孩子的进步，并就不足之处商定优化方案。

第三，和孩子一起掌控时间。一是协助孩子合理规划各个学科的学习所需要的时间。每天先规划好学习计划和流程，再用恰当的方式提醒孩子按照计划进行学习。注意每次只做一件事，如不能做着数学题还抽空背英语。二是要理解、包容孩子。培养良好的时间管理习惯有个过程，家长要包容孩子偶尔出现的"小偷懒"，适度给予孩子一定的自由放松的时间。只有劳逸结合，才能达到最佳效果。

15. 高中学习和初中学习的思维方式不一样了，题目常常"绕圈子"，该怎么帮助孩子？

高中的学习更注重逻辑思维和深度思考，题目常常"绕圈子"意味着需要更多的思考和分析才能理解题意并找到答案。适应高中的学习和生活需要循序渐进，家长在这个过程中要看到孩子的努力和付出，全程给予孩子支持和鼓励。

第一，鼓励孩子通过自主探索、询问学科教师及与同伴交流、相互讨论等形式，学习解题技巧和方法。比如，如何厘清问题的关键点、分析选项等。

第二，为孩子提供适当的资源和辅导。比如，利用国家公共教育平台进行专题学习，拓展解题思路。

第三，给予孩子足够的时间和支持，鼓励他们有信心面对困难，并从错误中学习。

16. 孩子初中成绩还可以，进入高中后发现学习"一听就懂，一做就错"，特别打击自信心，家长该怎么帮助他？

无论是从知识的广度、深度还是难度来说，高中学习与初中学习相比，都有明显的提升与变化。孩子在这个过程中容易出现起伏和不适应，孩子和家长都难免担忧和焦虑，但也需要家长理性地去看待这个问题背后可能存在的原因：一是高中学科的难度增加了，内容更加深入和细致，不再像初中那样简单明了；二是学科之间的联系变得更密切了，需要更全面地理解知识才能解答问题；三是考试和作业的要求变高了，常常需要运用综合能力去解决复杂的问题，而不仅仅是简单记忆或计算。

第一，给予孩子独立思考的时间和空间。家长可以尝试在课后多给孩子一些时间，让孩子对在课堂上学到的知识进行充分的理解、消化，培养孩子对知识的思考和归纳总结的能力。

第二，帮助孩子提升学习技能。学习技能包括时间规划能力、知识架构组合能力、学科知识迁移与综合运用能力等。

第三，鼓励孩子坚持努力。要让孩子相信自己的能力，并从错误中学习和成长。

如果家长在帮助孩子学习、成长上缺乏支撑，可以多和学校沟通，寻求支持。

17. 孩子进入高中后成绩下滑、学习吃力，家长应该怎么办？

高中学习科目增多，学习难度加大。要帮助孩子解决学习吃力的问题，治本的办法是做到"三变"，激发孩子内在的学习动力。家长可以尝试按照下面这样做。

第一，变催促指责的命令为温和坚定的建议。放下权威感十足的命令和指责，平等地尊重、信任孩子，家长说的话孩子才肯听。比如：变"作业做完了吗"为"你已经将今天晚上的学习任务安排好了，对吗"。

第二，变焦虑担心为正面反馈。运用成长型思维，多关注孩子的努力和学习的过程。家长可以尝试在与孩子的考后沟通中找到孩子考试中的闪光点，从每一个"小细节"去肯定孩子。比如："这一次你在理解题型上没有出错，这说明你的努力是有效的，我为你感到高兴。"

第三，变监控监督为顾问指导。学业发展是一个成长的过程，可以通过协商与孩子一起制订合理的学习计划，营造良好的家庭学习氛围。家长要相信孩子，持续耐心地关注孩子执行计划的情况。如果情况未达到预期，要以平和的态度帮助孩子复盘分析、调整方法。

18. 孩子进入高中后成绩不理想，家长应该怎样自我调适，缓解焦虑？

孩子进入高中后，面对逐渐增加的学业压力，可能会遇到学习上的挫折。这时，家长可能因为以下原因产生焦虑：一是源自家长自身的生活压力，希望孩子将来不像自己一样平庸，或希望孩子能够比自己过得更好；二是源自身边朋友的比较，感觉别人家孩子比自己家孩子强，没有面子。家长可以尝试以下方法，来缓解自身的焦虑。

第一，丰富自己的生活，不要把焦点都放在孩子的学习上，适当转移注意力。

第二，时刻保持发现的眼光，多看孩子身上的优点。孩子的评价标准并非只有学业成绩，学业成绩的好坏并不能决定孩子以后的人生。家长应多关注孩子的优点、兴趣，为孩子的全面发展提供更多机会。

第三，转变对孩子的评价方式，改横向比较为纵向比较。将孩子与其他孩子横向比较，看到的往往都是孩子的不足，会适得其反。家长应多将孩子的今天和过去进行纵向比较，试着看到孩子的进步。只有注重孩子的纵向发展，才能让孩子走得更远。

19. 孩子进入高中后将面临多种学科组合的选择，家长可以做什么？

新高考改革包括语文、数学、外语三门高考必考科目，物理、历史、化学、生物学、思想政治、地理六门科目作为学业水平考试的选择性考试科目。孩子需要在物理方向、历史方向的12种组合中做出选择，这对孩子和家长来说既是挑战，更是机遇。家长需要主动学习、了解新高考改革的相关政策，积极参与学校组织的相关培训，主动加强与学校的交流互动，通过深入地沟通与孩子达成对学业生涯发展的共识，倾听孩子真实的意愿与想法，真诚地支持孩子做出的理性选择。

第一，陪伴孩子一起面对。如果孩子在选科时犹豫或焦虑，家长可以尝试告诉孩子："高考综合改革对你来说是挑战，对爸爸妈妈来说也是一种全新的挑战，我们都是第一次面对，所以没有关系，我们一起去找到最合适的组合。"孩子只有感受到家长的陪伴和支持，才能够以平静且理智的心态进行选科。

第二，帮助孩子厘清思路。在指导孩子选科时，要根据孩子的学科优势、对学科的兴趣、大学专业的要求、未来就业的方向等进行综合考虑；要兼顾孩子的兴趣与特长，家长可以将孩子喜欢做的事、喜欢上的课、想参加的兴趣小组或社团分类总结，这样能够较为清楚地了解其需求。

第三，接纳孩子的选择。如果家长和孩子在选科时意见不一致，建议把选择权留给孩子。家长要接纳孩子的不同想法，并尝试告诉孩子："我们帮助你综合分析，认为这样选择较好。但这些只是建议，最后要在学业上继续努力的是你自己。所以，最终决定由你来做出。"

20. 孩子突然提出不去学校上课，想长期在家自学，家长应该怎么办？

近年来，这样的情况具有一定普遍性，会出现在高中学习的各个阶段。许多同学虽然没有离开学校，但这样的想法也时有闪现。遇到这样的情况，首先，家长不要着急责怪，更不要急于说服孩子尽快回到学校，而要先冷静下来，对孩子的想法表示理解和尊重，以缓解压力、情绪为第一要务。其次，深入了解背后原因，研判具体情况，采取针对性的措施。如属单纯学习压力大，则可以通过降低学业期待、提供支持帮助、分散注意力、进行适量文体活动等方式帮助孩子正确看待学习任务和压力，运用科学的办法调适、缓解；如属突发事件引发的畏惧、胆怯、排斥、反感，则需要深入了解事件发生的前因后果，加强与学校老师或部门的联系，掌握全面的信息，依靠学校进行干预处置；如出现特别极端的情况，则需要第一时间向学校报告，由学校联动相关部门开展应急处理，及时消除对孩子成长的不利影响；如经过研判确定孩子出现了超过正常范围的焦虑、抑郁情绪，则需要及时到权威机构进行诊断评估，在专业意见的指导下采取科学的方式进行干预。

21. 家长如何判断孩子遭到了校园欺凌？

教育部 2021 年 6 月 1 日颁布的《未成年人学校保护规定》将以下五种情形列为校园欺凌："（一）殴打、脚踢、掌掴、抓咬、推撞、拉扯等侵犯他人身体或者恐吓威胁他人；（二）以辱骂、讥讽、嘲弄、挖苦、起侮辱性绰号等方式侵犯他人人格尊严；（三）抢夺、强拿硬要或者故意毁坏他人财物；（四）恶意排斥、孤立他人，影响他人参加学校活动或者社会交往；（五）通过网络或者其他信息传播方式捏造事实诽谤他人、散布谣言或者错误信息诋毁他人、恶意传播他人隐私。"并进一步界定："学生之间，在年龄、身体或者人数等方面占优势的一方蓄意或者恶意对另一方实施前款行为，或者以其他方式欺压、侮辱另一方，造成人身伤害、财产损失或者精神损害的，可以认定为构成欺凌。"

那么，家长该如何识别孩子可能遭到校园欺凌呢？一是孩子出现性情突变、言行反常，如沉默寡言、焦虑烦躁、悲观消极等；二是身体带伤、刻意遮挡，如行动迟缓、身体不适、动作不协调等；三是消费增加、索要频繁，如转账他人、消费不清、言语躲闪等；四是孩子言语中出现可疑的表达，如"受不了了""××很过分""我要报警""×××居然在网上这样说我"等。家长平时应多关注孩子、多与孩子在一起，增加和孩子交流、了解的机会，细心观察孩子的言谈举止，注意从细节中了解情况。同时，家长还要注意说话方式，通过巧妙的问话发现孩子可能面临的困境，做亲切关怀、细心观察、有效陪伴、智慧引导的优秀家长。

22. 孩子面对网络欺凌时，家长该怎么做？

当得知孩子正在经历网络欺凌时，家长首先要稳定自己的情绪，这样才能更好地帮助孩子走出困境。家长可以尝试下面的方法。

第一，与孩子一起"说"欺凌现象。家长可以和孩子一起谈谈最近发生的相关事件，观察孩子面对网络欺凌事件时表现出的态度，表达自己对此类事件的看法，同时需要告诉孩子哪些行为属于网络欺凌。

第二，与孩子一起"做"欺凌应对。家长需要告知孩子，网络欺凌属于违法行为，要对其进行存证，还要及时联系相关网络平台删除不良信息、举报不当内容。如果情节过于严重，家长可以陪伴孩子一起报警处理。同时，家长还要和学校保持良好的沟通，定期了解孩子在学校的情况，坚持对网络欺凌现象"零容忍"的态度。

第三，与孩子一起"建立"网络社交素养。在孩子开始接触网络时，家长要告知孩子网络社交的规则，文明上网，遵守网络道德规范，发言时要保持冷静、控制情绪。培养孩子良好的品性和与人交往的能力，使孩子保持对生命的敬畏，学会与他人保持适当的边界，帮助孩子有意识地保护个人信息，从源头避免网络欺凌事件的发生。

23. 家长可以从哪些方面去观察孩子，发现孩子心理异常？

孩子进入高中后，越来越注重自己的隐私。当孩子心理出现异常后，家长往往很难及时察觉。在日常生活中，家长可以从以下四个方面观察孩子的状态。

第一，生理方面。一是饮食情况：孩子出现明显的食欲变化，突然暴饮暴食或不愿吃饭，体重突然增加或减少。饮食偏好出现明显变化，原本爱吃辣却突然饮食清淡，开始排斥平时喜欢吃的东西等。二是身体情况：孩子出现明显的身体不适，如便秘、腹泻、呕吐等。三是睡眠情况：孩子连续 7 天以上超过 30 分钟无法入睡，夜间突然惊醒或睡眠中出现发抖、打冷战、尖叫等，连续半个月以上睡眠时长少于 5 小时等。另外，如果是女生，家长还需要关注孩子月经情况是否正常，如推迟 3 个月以上、经期超过 10 天等。

第二，情绪方面。孩子出现无理由的烦躁、不安或紧张，对平时感兴趣的事物的期待度突然降低，每天早上和傍晚情绪明显低落等。

第三，行为方面。一是孩子近期的社交情况，比如：与好朋友不来往了，突然频繁聚会。二是孩子突然出现托人送物的情况，比如：把平时珍藏的物品送人，对很久以后才会发生的事件做出交代和安排。三是孩子的穿着打扮、仪容仪表异常等。

第四，学业方面。比如：上课注意力不能集中、听不进去；作业完成情况不佳，和之前产生巨大反差；上学时间和放学回家时间与平时相比变化太大等。

如果孩子在以上方面出现了明显异于往常的情况，家长一定要及时关注，和学校进行联系。若家长发现孩子出现异常问题的时间超过两周，可预约学校心理辅导教师，或在与孩子沟通的前提下请正规医院心理科专业医师进行评估。如确诊为心理疾病，需要医疗介入，应尽早治疗。

24. 发现孩子有自伤行为时，家长应如何应对？

近年来，孩子自伤事件时有发生。青少年情绪情感丰富，但调节能力发展不够成熟，所以许多孩子会选择用不同的方式伤害自己，以发泄自己压抑的情绪。家长需要及时关注孩子自伤行为背后的情绪情感需求，帮助孩子远离自我伤害。

第一，自伤时及时处理孩子伤口。家长在发现孩子自伤的第一时间应及时帮助孩子处理伤口，避免因伤口感染造成更严重的后果。孩子自伤其实是在向身边的人发出求救信号，家长发现时应重视，做到及时关心和关注孩子，切忌对孩子过度指责和质问。

第二，关注孩子自伤行为背后的情绪和需求，积极引导，商量解决办法。家长可以与孩子分享自身的一些经历，为孩子提供一些可以选择的正向发泄方式。当孩子表现出无助时，家长可以通过询问排除和确定孩子的情绪，如"是不是总觉得很想哭""是不是觉得自己对一些事情无能为力""最近有没有吃不下饭或者睡不着觉的情况"。提出具体的问题，可以帮助孩子把无法说出口的情绪更为清晰地整理出来，让家长了解到孩子近期的情况以及自伤时所处的情境。

第三，学会跟孩子共情。许多孩子出现自伤行为时，内心都备受煎熬。这时，家长不应以父母的角度看待他们的行为，而应该将自己的身份转换为孩子的知心朋友，从孩子的角度出发，尊重孩子、理解孩子、帮助孩子。家长可以和孩子一起制定减少自伤行为的方案，比如：让孩子把自伤工具（刀片、针头等）交给家长或其他人妥善处理，鼓励孩子出现自伤冲动时告诉身边的人，与孩子一起签订安全协议，等等。家长需要陪伴孩子度过这个难熬的时刻，帮助孩子学会采用健康的方式去缓解痛苦。

第四，提升孩子的生活质量。在日常生活中营造和谐的家庭氛围，可以提升孩子的生活满意度，也可以预防孩子出现自伤行为。同时，生活质量的提升还能让孩子保持稳定的情绪状态。家长可以尝试和孩子一起进行适度的体育锻炼，制定合理的膳食搭配等。

第五，寻求专业支持。如果孩子自伤行为的背后是受到情绪、行为障碍等困扰，家长一定要及时寻求专业人士的帮助，如请正规医院心理科医生评估，或到专业心理咨询机构咨询等。同时，家长还需要认识到自伤行为很可能会反复出现，应密切关注孩子的状态。

25. 面对高三繁重的学习压力，孩子容易出现情绪焦虑，该如何调整？

面对高三繁重的学业压力和高考压力，许多孩子会感到紧张和焦虑。家长和孩子首先要认识到焦虑是一种正常的情绪，适当的焦虑有利于在学习中维持最佳状态。针对孩子的焦虑，家长可以尝试下面的做法。

第一，陪伴孩子走出情绪困扰。鼓励孩子在面对情绪困扰时主动寻求他人的支持和帮助，可以是老师、家长、同学等。如果孩子的焦虑和压力水平超出自己或家庭的应对能力，建议寻求专业支持，帮助孩子有效应对焦虑。

第二，指导孩子学会应对的技巧。家长要引导孩子认识到焦虑是正常的反应，可以通过深呼吸、听音乐、阅读、保证充足的睡眠、均衡饮食、适当运动等方式有效缓解。同时，家长可以陪同孩子合理规划时间，制订复习计划，提高学习效率，使孩子做到心中有数，就不容易焦虑了。

第三，帮助孩子建立合理的期望。过高的期望容易引发焦虑，家长可以与孩子一起探讨未来就业的多元化和多样性，引导他们选择适合自己的院校和专业，并鼓励他们关注个人长期的成长和发展，而不是仅仅关注成绩。

第四，给予孩子坚实的身心保障。家庭的理解和支持对孩子至关重要，家长可以营造一个积极、轻松的家庭氛围，避免过度强调考试和成绩。此外，家长要做好后勤保障：一是给孩子提供良好的学习环境，让孩子能够静心学习；二是给孩子提供合理、充足的营养膳食。